マッドサイエンティスト図鑑

A collection of Mad Scientists text by Yuji Sawabe

理を外れた33人の科学者たち

沢辺 有司

彩図社

はじめに

「マッドサイエンティスト」のルーツは、19世紀のイギリスの小説家メアリー・シェリーが描いたフランケンシュタイン博士であるといわれる。崇高な科学技術の力を悪用し、恐ろしい怪物を生み出し、世の中を破滅へ誘う――。これが初期のサイエンスフィクション（SF）における、マッドサイエンティストのイメージである。

その後、実在のマッドサイエンティストがあらわれた。発明家のニコラ・テスラや数学者のジョン・フォン・ノイマンである。テスラは派手な放電実験を見せつけ、人工地震や殺人光線など突拍子もないアイデアを披露し、大衆を驚かせた。ノイマンは水爆開発の推進やソ連への先制攻撃など、政治的な立場を利用して過激な発言を繰り返した。ふたりは科学界では異端に分類されがちだが、いずれも我々の生活に多大な恩恵をもたらしている。エジソンの直流配電システムに代わり、現在の交流配電システムを構築したのはテスラであるし、プログラムを内蔵した現在のコンピュータのモデルを考案したのはノイマンである。

テスラやノイマンのように**類い稀な才能をもち、偉大な業績をおさめながら、どこかで狂気を宿し、道を踏み外した科学者というのは少なくない**。本書ではこのような科学者を「マッドサイエンティスト」として、その33人の狂気をえぐりだす。

大きくは4つの章に分類した。

第1章は、ジョン・ハンターや華岡青洲《はなおかせいしゅう》など、科学的理想を猛追するあまり「狂気した科学者」。第2章は、センメルヴェイス・イグナーツやロザリンド・フランクリンなど、あまりに愚直に真実を唱えたがために、不幸にも科学界や社会から「抹殺された科学者」。第3章は、チャールズ・ドーソンやウォルター・フリーマンなど、誤った理論や発見、開発に拘泥し、「世の中を混乱させた科学者」。そして第4章は、ヘンリー・キャベンディッシュや南方熊楠《みなかたくまぐす》など、人生そのものが破綻した「呪われた科学者」である。

ここには、いわくつきの、いかがわしい科学者はもちろんのこと、子どもむけの科学図鑑でおなじみの偉人的な科学者もいる。**マッドサイエンティストは、けして科学史の傍流に潜んでいるわけではないのだ**。

「マッドサイエンティスト」というプリズムを通してみることで、一筋縄ではいかない、サイエンスの現実にふれていただければ幸いである。

第3章 世の中を混乱させた科学者

第4章 呪われた科学者

第1章
狂気を宿した科学者

The scientist who accelerated the madness

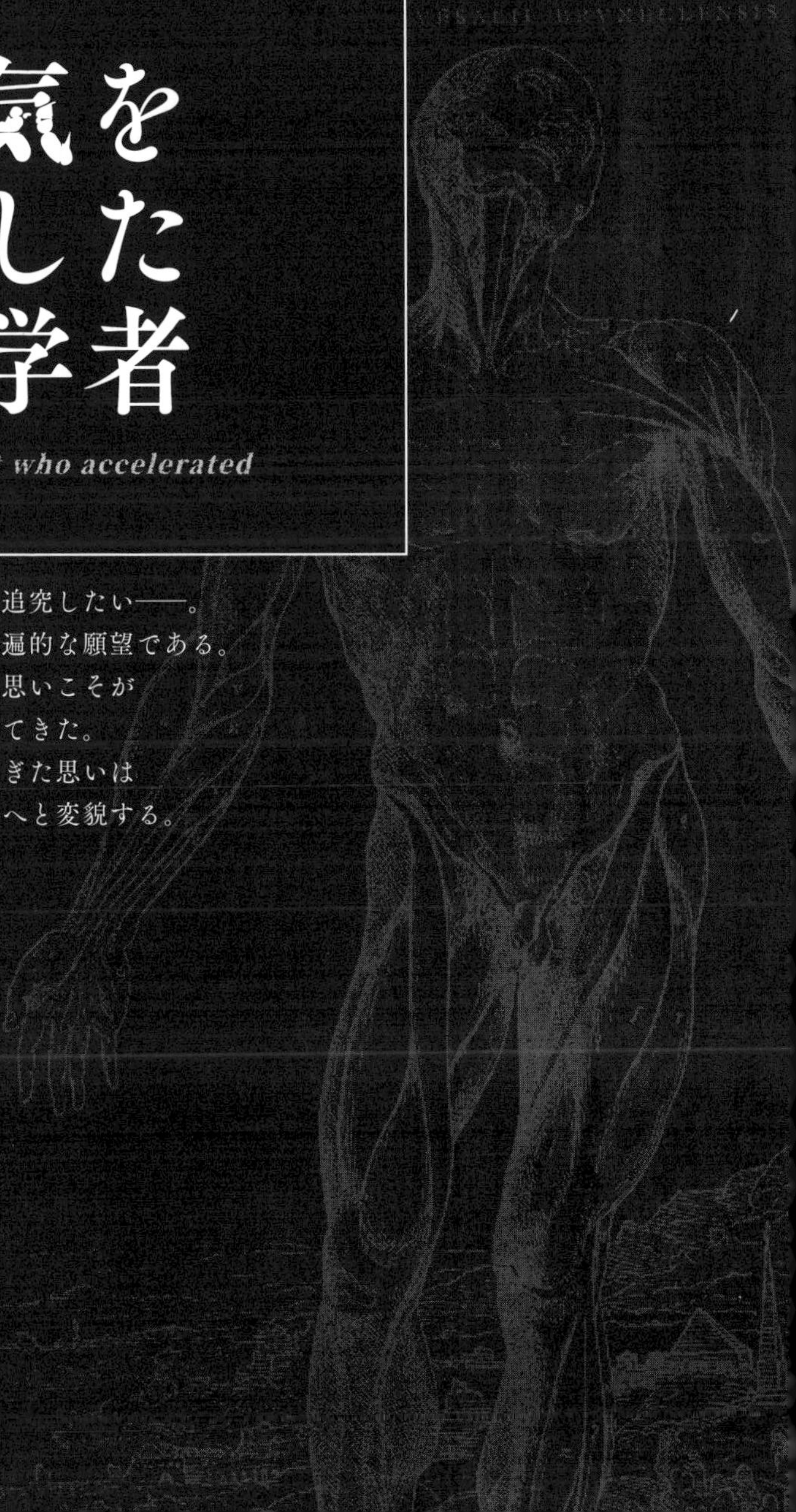

真実を、真理を追究したい――。
科学者が持つ普遍的な願望である。
彼らが持つその思いこそが
科学を発展させてきた。
しかし、行き過ぎた思いは
やがて「**狂気**」へと変貌する。

No.1

処刑場に吊るされた遺骸を盗んでいた

アンドレアス・ヴェサリウス

1514～1564年。
ブリュッセル出身の解剖学者。パドヴァ大学教授。神聖ローマ皇帝カール５世、スペイン王フェリペ２世の侍医を務めた。

「男性も女性も肋骨の数は同じである」。今では常識といえる人体の構造だが、ヴェサリウスはこうした1000年以上も信じられていた人体の構造や働きに関する誤りをいくつも訂正し、近代解剖学の基礎をきずいた。

当時のヨーロッパでは、解剖学者でさえ簡単に人体解剖をできる環境にはなかった。ヴェサリウスはいかにして解剖用の死体を手に入れ、解剖を行ったのだろうか？

解剖学者は共同墓地と処刑場を徘徊する

ヴェサリウスは1514年、ブリュッセルに生まれた。宮廷医師の家系で、父は神聖ローマ帝国の皇帝マクシミリアン1世の宮廷薬剤師を務めていた。ヴェサリウスは当時としては最良の教育をうけて育ち、ルーヴァン大学で学んだのち、パリ大学医学部に進学した。

しかし、パリ大学では古代ギリシア・ローマ時代の医学の大家であるヒポクラテスやガレノスが唱えた医学的知識をそのまま無批判に学ぶだけで、探求欲旺盛なヴェサリウスをたいくつさせた。唯一、刺激になったのは年に1回ほど行われる**人体解剖実習**だった。

ガレノス
(129頃～200年頃)

当時の解剖実習のしくみはこうだ。教授が高椅子に座り、解剖学書を読み上げながら解説する。その解剖学書も、**古代のガレノスの『解剖技法』や『体部の有用性』**である。もっとも新しいものでも中世の解剖学者モンディーノの『解剖学』だった。そして、実際に解剖を行うのは、専門の外科医。外科医は医者よりも地位の低い職種とみなされていた。医学生がめざしていたのはあくまでも医者（内科医）であり、外科医ではなかった。

黙って見るだけの「実習」に痺れを切らしたヴェサリ

ウスは、「自分で解剖をやってみたい」と教授に申し出た。幸い、教授の許しをえたヴェサリウスは、**全員の視線が集まるなか、とてもはじめてとは思えない巧みなメスさばきで、鮮やかに人体を切り開いてみせた**。ヴェサリウスは緊張に包まれながらも、皮膚を切り裂く背徳感の先にあらわれる恍惚とした感触をしっかりとかみしめていた。

もっとメスをさばきたい。腕がうずいた。しかし、ヴェサリウスを満足させるほどの解剖実習の機会はなかった。**するとヴェサリウスは、自ら死体を調達しようと考えた**。行き先は、墓地だった。

ある晩、パリの共同墓地にしのびこんだ。埋葬もされずに捨てられた遺体がうずたかく積み上げられ、腐敗が進んだものは白骨化し、暗がりのなかでも不気味な光を放っていた。とてつもない異臭にたえながら、もてるだけの骨をひろい集めた。どこからともなく、うなり声をあげる数頭の野犬が襲ってきたが、手にもった骨をふりまわしてなんとか追い払い、墓地をあとにした。自室に戻ると、医学書をみながら床にならべた骨を組み立て、人体の骨格を調べた。

１５３６年の夏にパリを離れ、両親のいるブリュッセルに戻った。ブリュッセルでは、少女の検死解剖に立ち会った。解剖の執刀を行った床屋の腕があまりにも未熟だったため、**見かねたヴェサリウスは、かわりに自ら解剖を行った**。彼にとってはこれも貴重な機会となった。

秋、ルーヴァン大学に戻り、医学士の学位を取るための論文執筆にあたったが、考えがまったくまとまらない。体はなにかを欲している。するとヴェサリウスは、またもや死体の調達にでかけた。

日が沈んだころ、城門から町の外にでると刑場に忍び込んだ。人気はなく、絞首台には首を締め上げられてぐったりした遺体がまっすぐに吊り下がっている。縄を解いて遺体を引きずりだし、刑場の外の草むらに隠した。そして翌日、遺体を解体して少しずつ隠し持って町の城門から運び入れた。

遺体は腐る前に解剖しなければならない。寝食も忘れて遺体のあちこちを切り開き、注意深く観察し、その様子をノートに書き記した。容赦ない死臭と凝固した血の独特の匂いがたちこめる。一つの体にこれほどのものが隠されていたのかというほど臓器や血管、神経がえぐりだされた。**骨は組み立て直し、完全な人体骨格の標本をつくりあげた**。当時は大学にも骨格標本はなかったので、これはかなり貴重なものだった。こうしてヴェサリウスは無断で遺体の人体解剖をつづけたのである。

思い切って市にかけあってみると、**市長は思いのほか好意的で「研究のためならかまわん」と許可がおり、遺体が自由に手に入るようになった**。ヴェサリウスは、ルーヴァンで人体解剖をかなりの頻度で行ったようである。

ガレノスは動物解剖しかしていなかった

その後のヴェサリウスは、22歳でイタリアのパドヴァ大学医学部の外科学と解剖学の教授となった。人体解剖を外科医にまかせることなく、**「自ら解剖をする教授」**として学生らから評判となった。

パドヴァ大学においても解剖用の遺体の調達には苦労したが、ヴェサリウスは自ら刑事裁判所の判事マルカントニオ・コンタリニにかけあい、処刑された犯罪者の遺体を提供してもらうことにした。しかも、遺体が腐敗していては意味がないので、解剖実習の時間にあわせて処刑時間を調整してもらった。パドヴァの罪人の処刑は、解剖学者ヴェサリウスの都合にあわせてスケジューリングされていたのである。

解剖実績を重ねた彼は、やがて**『ファブリカ』**を制作する。そこで、ガレノスの伝える人体の解剖学的構造の誤りをいくつも指摘した。ガレノスが生きた2世紀ころのローマでは、人体解剖が禁止されていた。だからガレノスは、サルなどの動物を解剖して人体の解剖学的構造を類推していたことにヴェサリウスは気づいていた。

同書には、まるで**生きているかのような迫力と精緻さで描き出された73枚の人体解剖図**も添えられていたが、これを描いたのは、ルネサンスの巨匠ティツィアーノの工房出身の画家たちとされる。ヴェサリウスのスケッチをもとに画家が原画を描いたか、画家が解剖現場でそのままスケッチしたともいわれる。

『ファブリカ』は、それまでの医学を否定するもので、権威にしばられた学者らは反発したが、**ルネサンスの息吹のもと、若い医学生や医者たちはヴェサリウスを支持した。**彼らは1000年前の知識よりも、新しく正確な知識を求めていたのだ。ただ、その正確な知識というのも、ヴェサリウスが墓場や刑場からほとんど不法に持ち去った遺体からえられたものだったのである。

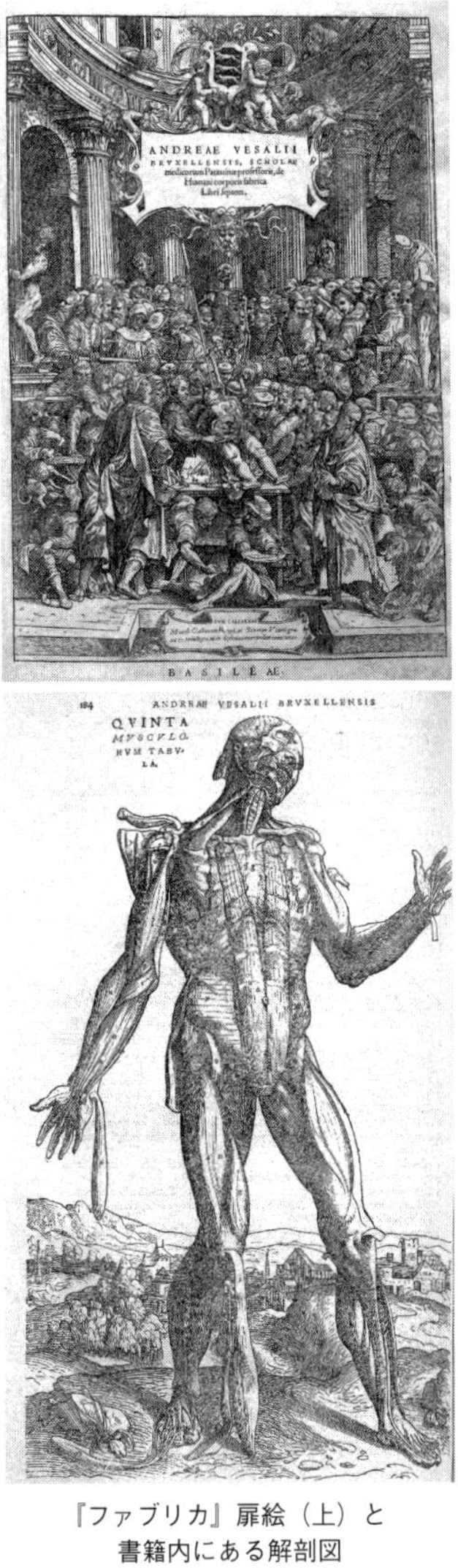

『ファブリカ』扉絵（上）と
書籍内にある解剖図

No.2

図形問題に没頭しすぎてローマ兵に殺された

アルキメデス

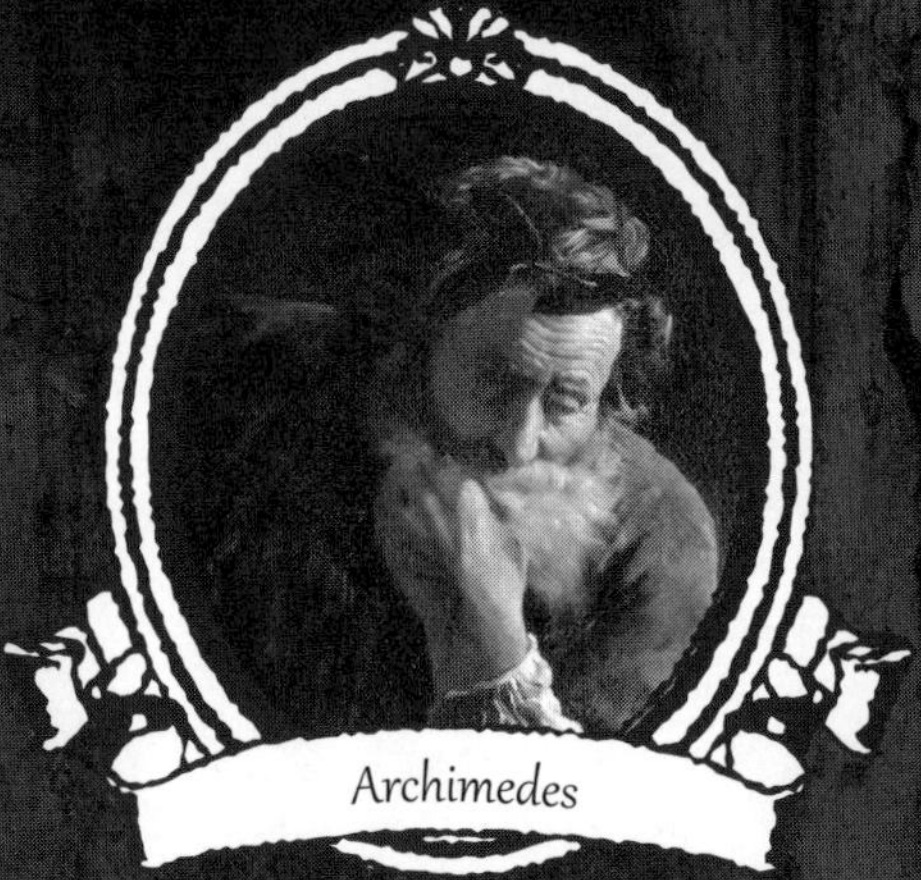

紀元前 287 年頃〜紀元前 212 年。
古代ギリシアの数学者、科学者。アレクサンドリア遊学後、
シラクサ王ヒエロン２世の保護のもと研究に励んだ。

アルキメデスは、古代ギリシアにおける数学・物理学の天才である。円周率の近似値である 3.14 をはじめて明らかにしたほか、「てこの原理」や「浮力の原理（アルキメデスの原理）」を解明した。そんなアルキメデスは、故国シラクサと戦うローマ軍に恐れられる存在だった。軍事兵器を開発するエンジニアでもあったからだ。

屈強なローマ兵がアルキメデスの自宅に踏み込んだとき、彼はいかにして対峙したのか？

軍事兵器を開発

アルキメデスは紀元前287年頃、シチリア島東岸の町、シラクサに生まれた。当時、シラクサはギリシアの植民市の1つであり、地中海貿易の拠点として栄えていた。

アルキメデスの父は天文学者だった。アルキメデスも父にならい**天文学からはじめ、数学や物理学へと学問の幅を広げていった**。学術・文化の中心だったエジプトのアレクサンドリアで学んだあと、シラクサに戻り、生涯、この地で研究に専念した。シラクサ王のヒエロン2世は、アルキメデスの親族の一員であったことから、自由な研究がゆるされたと考えられる。

アルキメデスが生きた時代のシラクサは、世界史的な大戦争の最前線に立たされていた。それが**ポエニ戦争**である。これは共和政ローマと北アフリカのカルタゴのあいだの地中海覇権をめぐる争いで、紀元前3世紀〜紀元前2世紀にかけて3回にわたって戦火を交えた。**シチリア島は両者から干渉をうけ、そのなかでシラクサは都市を要塞化し、なんとか独立を保っていた**。

第1次ポエニ戦争（紀元前264〜紀元前241

シラクサ

年）はローマが勝利し、シチリア島の西部はローマ領となり、東部はローマと同盟したシラクサ王ヒエロン2世の統治が認められた。しかし、紀元前215年、ヒエロン2世が亡くなると、シラクサはローマとの同盟を一方的に破棄し、カルタゴと手を結んだ。

そんななか、**カルタゴの猛将ハンニバル**が、ピレネー山脈からアルプス山脈を越えて、イタリア北部から侵攻し、ローマ軍を混乱に陥れた。ここに第2次ポエニ戦争（紀元前218～紀元前201年）がはじまった。ハンニバルの進軍を食い止めたのは、**ローマの将軍マルケルス**。このマルケルスが、紀元前214年からシラクサ攻略の指揮をとった。

このときアルキメデスは、堅固なシラクサの城内で研究にいそしんでいたのだが、**彼が開発した兵器がマルケルスたちを苦しめることになる**。

その1つが、**「巨大な鉤爪《かぎづめ》」**である。これは大型のクレーン状のもので、城壁に近づいたローマ軍の艦船の舳先を鉤爪でつかんでもちあげ、ひっくり返して沈めた。

この鉤爪につかまらないように艦船が逃げると、つぎに**「投石機」**があらわれた。強力なねじりバネの力を利用して、大きな岩石を投げ飛ばして攻撃した。

ローマの艦船がさらに逃げて、投石機の射程外まで撤退すると、3つ目の兵器**「熱光線」**が登場した。これは巨大な虫眼鏡のような兵器で、巨大鏡に太陽の光線を反射させて、敵の艦船に光を集中させて焼き尽くすというものだった。

3つの軍事兵器のうち最初の2つは、紀元前2世紀の歴史家ポリュビオスや1~2世紀のプルタルコスが詳しく書いているので、ほんとうにあったと思われる。一方、熱光線については、時代が下った2世紀の作家ルキアノスや医者ガレノスがふれているものなので、信憑性は疑われている。しかし2005年に、MIT（マサチューセッツ工科大学）の学生が実験したところ、熱光線を「不可能と言い切るのはむずかしい」という結論に達している。

アルキメデスはそのほかにも、搭乗員600人以上の巨船シュラコシア号を設計したり、船内にたまった水を船外に排出するためのスクリューなども開発している。

（上）アルキメデスが開発した「巨大な鉤爪」
（下）「熱光線」。右上からの太陽光を反射させている

ローマ将軍・マルケルス
（紀元前268年～紀元前208年）

本人は、本業の数学や物理学の研究のあいだの暇つぶしとしか思っていなかったようだが、**彼の頭脳がシラクサの軍事力向上に大きく貢献し、ローマ軍を苦しめていた**。おかげでマルケルスのローマ軍は、3年たってもシラクサ攻略の糸口がつかめないでいた。

ローマ軍がアルキメデスの自宅を急襲

マルケルスはアルキメデスを恨めしく思っていたが、ようやくチャンスが訪れた。

厳重に守られた城壁のなかに、1つだけ警備のゆるい塔があった。その塔に兵士を送り込んで、シラクサ人が求める捕虜の返還交渉に応じた。その交渉に向かうたびに塔の高さを測らせ、その高さの梯子を用意した。そして、シラクサ城内でアルテミスの祭りが開かれたとき、塔に梯子をかけて城内にひそかに侵入。人々が眠っているすきにヘクサピュラ門を開け放ち、**外で待機していたローマ兵を城内に侵入させ、街の一部を占拠した**。

ただ、シラクサはまだ陥落したわけではなかった。二重の城壁のうち外郭が突破されたにすぎなかった。アルキメデスが住んでいたのは、まだ占領されていない内郭に守られた街だった。

しかし、補給路が断たれたことから、シラクサはローマとの講和を検討しはじめる。そうこうしているうちに、ローマとの内通者が内郭の門を開けてしまい、ローマ軍がなだれ込んできた。シラクサ市民は次々に殺害され、生き残った者は奴隷として連行された。

さて、アルキメデスはどうなったのか？　プルタルコスは次のように記している。

ローマ軍の兵士がアルキメデスの自宅に踏み込んだとき、アルキメデスは図形を一心不乱に見つめながら考えにふけっていた。彼は、ローマ軍の侵入で街が陥落したことにも気づいていなかった。兵士のひとりが、彼の傍らに立ち、「マルケルス閣下のもとへついてこい」と命じた。ところがアルキメデスは、**「この図形問題を解いて証明を終えないうちは行かない」**という。これにローマ兵は腹を立て、剣をぬいて瞬くまに殺してしまった。

この話では、マルケルスが「アルキメデスを殺さずに連行しろ」と命じていたが、現場の兵士が殺してしまったとみることができる。ローマ軍をさんざん苦しめたアルキメデスに特別な厳罰を加えようとしたのか、あるいは、軍事エンジニアとしてローマで登用しようとしたと考えることもできる。

プルタルコスが記す別の伝聞では、ローマ兵ははじめから殺すつもりで踏み込み、アルキメデスが「解答が出るまでしばしお待ちいただきたい」と言ったが、即刻殺してしまったという。

また、12世紀のヨハネス・チェチェーズは、図形にすっかり熱中していたアルキメデスが、

若手数学者の業績を顕彰する「フィールズ賞」の受賞者に贈られるメダルには、
アルキメデスの横顔（表、左側）と、円柱と球の図形（裏、右側）が刻まれている
（画像引用：https://www.mathunion.org/imu-awards/fields-medal）

ローマ兵に対し、**「わしの図形からどいてくれ」**と言ったがために、殺されたと伝えている。

いずれにしてもこれらの伝聞からわかるのは、**数学者アルキメデスの異常なまでの図形問題への執着**である。3年におよぶ籠城生活のなかでも、自分の運命の行く末を顧みることなく、厳つい軍人たちの圧力にもひるむことなく、ただ数学的な世界にどっぷり浸かっていたのである。アルキメデスにもう少しの時間があったなら、なんらかの法則が発見されていたのかもしれない。

古代ギリシアの哲学者ソクラテスは、アテナの人民裁判で死刑を宣告され、逃げることもなく毒杯をあおった。魂は不死のものと信じたソクラテスは自らその信念を実践にうつし、最期まで哲学者として死んだのである。同じようにアルキメデスも、**死を恐れることなく、数学者としてあるべき姿を最期の**

瞬間まで貫いたといえるだろう。

ところで紀元前75年、ローマの政治家で哲学者のキケロがシラクサに赴いたとき、球と円柱の図形がデザインされた不思議な墓を見つけた。それがアルキメデスの墓だった。アルキメデスは、「円柱の表面積：球の表面積＝3：2」になることを発見したことを気に入っていて、自分の墓にはこの円柱と球をデザインしてほしいと言っていたという。

ジョン・ハンター

1728 ～ 1793 年。
イギリスの外科医・解剖学者、自然科学者。
「近代外科学の父」と評される。『ドリトル先生』や
『ジキル博士とハイド氏』のモデルとされる。

イギリスの外科医で解剖学者のジョン・ハンターは、20世紀前半の児童文学『ドリトル先生』シリーズの主人公の獣医ジョン・ドリトルのモデルとされる。ハンターは、またべつの物語のモデルの一人にもなっていた。それが『ジキル博士とハイド氏』である。「善と悪の二重人格をもつ男」というアイデアは、ハンターに着想をえていたのだ。ハンターという外科医はどのような人物だったのだろうか？

遺体調達をビジネス化し、海外輸出

スコットランドのグラスゴー郊外の農家に生まれたハンターは、1748年、ロンドンで開業医として働いていた次兄ウィリアム・ハンターの助手となった。ウィリアムは、診療所で患者の治療にあたるほか、外科医をめざす若い医学生たちを教育する解剖学の学校を開いていた。

当時のロンドンの外科医療の分野では、医者が人体を切り開き内部に直接ふれることには強いタブーの意識が根づいていた。それはルネサンスのヴェサリウスの時代と大きく変わらなかった。多くの医者たちは、外科手術を地位の低い外科医や床屋などにやらせていた。それでも、徐々にその悪しき伝統を変えようとする若い医師たちがあらわれていた。

ウィリアム・ハンター
（1718～1783）

外科医療の知識と技術を高めるには、人体解剖の訓練を重ねるしかない。そこで、解剖学校の主宰者たちは解剖用の遺体を入手しようとあちこち奔走した。**ウィリアムがハンターを雇ったのも、端的にいえば、次の日の解剖実習で使う遺体の調達をまかせるためだった。**

ハンターの仕事場は、タイバーン村（現在のロンドン中心部）の公開処刑場だった。そこでは毎日のように、**外科医たちによる遺体争奪戦**が繰り広げられていた。罪人が処

「夜警に気付かれた解剖学者」
（ウィリアム・オースティン画／1773年）
墓地を見回る夜警（左）が遺体の盗掘現場をおさえる絵。
右端の人物はウィリアムかジョン・ハンターとされる

刑され、絞首台から下されたそばから、その遺体の奪い合いがはじまる。

腕力に自信のあったハンターは、その絞首台の下での争奪戦でかなり活躍したらしい。彼はタイバーンから大量の死体を調達した。

ときには賄賂や不正な手段を使うこともあった。一方で、シャベルと金梃子をかついで深夜の墓場に潜り込み、埋葬されたばかりの棺をあけることもあった。

ウィリアムは、注文がうるさかった。男や女、子どもだけでなく、胎児や赤ん坊、妊婦など、むずかしい注文をだしたが、ハンターはその要求にことごとく応えた。ハンターが残した手記には、調達した遺体として、「妊娠7か月か8か月の胎児」「5歳か6歳くらいの子ども」「11歳か12歳くらいの少年」などの記述がある。

もちろんハンター自身も兄から解剖の手解きを受けた。ハンターはもともと手先が器用だったので、みるみる解剖の腕前をあげ、兄よりもすばらしい解剖医になった。やがて兄は患者の往診と解剖教室の運営に専念し、解剖教室の執刀と指導はハンターにまかせるようになった。

自らも解剖にのめり込んだハンターは、遺体の調達をより円滑にするため、そのしくみをビジネス化した。プロの墓泥棒に注文をだし、遺体を袋詰めにして納入させ、代金を支払う。当時の法律では遺体の衣服や宝石を盗むことは禁じられていたが、遺体そのものの盗難を禁じる法律はなかったので、解剖を目的とした遺体取引は大目にみられていた。

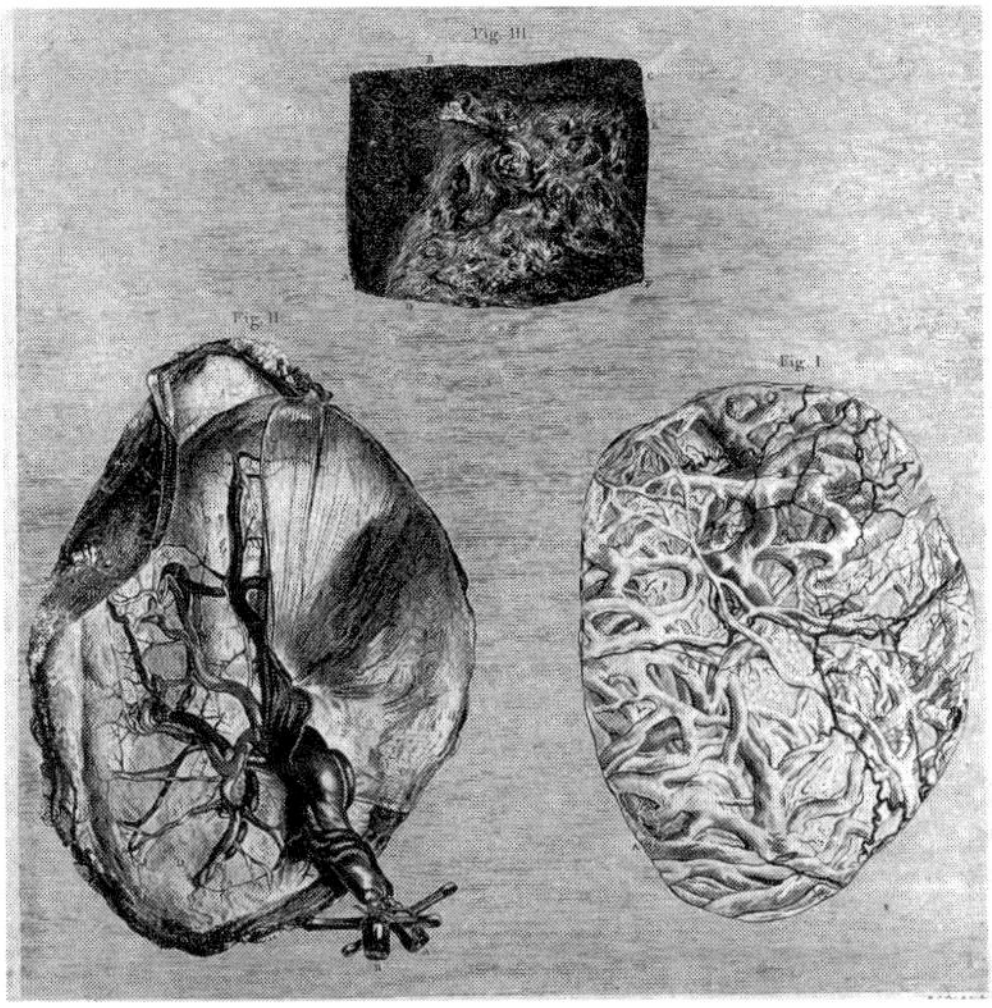

ウィリアムの著書に描かれたスケッチ。右下は子宮前部の外側、
左下は胎盤の内部、上は子宮内部の内側
（出典：『Anatomy of the human gravid uterus
（人の妊娠子宮解剖図）』1775 年）

やがてロンドンでは、墓泥棒と結託して遺体を切り刻む男、「切り裂きハンター」の噂がかけめぐった。人々は、自分が死んだあとの遺体が墓場から盗まれ、切り刻まれるのではないかと震え上がった。

遺体調達ビジネスがエスカレートすると、死体を売る目的で殺人がおきる恐れもあったが、実際、イギリスではそんな事件がおきている。

そこで1832年、解剖法が制定され、死体泥棒はできなくなったといわれる。ちなみに、ハンター兄弟の教え子たちはのちに、この遺体調達ビジネスをアイルランドやアメリカに輸出し、両国で社会問題を引き起こしている。

大男を生前から密着マーク

1760年、ハンターは独立した。ウィリアムのもとで過ごした12年間に「**二千体以上の人体解剖をした**」と認めている。当時、イギリスでもっとも人体を解剖した外科医となった。

ハンターの解剖は病的なほど徹底していて、体内を見るだけではなく、**取り出したものをあちこちさわって入念に確かめ、さらに口に含んで味わうこともあった**。たとえば、胃液については、「ほとんど透明な液体で、塩味がする」とたんたんと記録している。

ハンターは人体解剖のほか動物実験を繰り返し、そこでえた知見からかなり突飛なアイデアをひらめき、チャンスさえあればさまざまな人体実験にいどんだ。

たとえば、貧しい子どもから健康な歯を買い上げ、貴族たちの歯茎に移植した。移植した歯は3年ほどもったという。心臓に電気で刺激をあたえて蘇らせる蘇生術も試した。男性の精液を採集して人工授精にも成功した。膝の裏側にこぶができる膝窩動脈瘤《しっかどうみゃくりゅう》に対しては、血管を糸でしばって血流を調整し、こぶを消滅させた。これは現代のバイパス手術を先取りするものだった。

こうした治療も話題をよび、天才外科医として名を馳せたハンターは、１７８０年代、**レスタースクエアの28番地に巨大な屋敷を建てた**。華やかな広場に面した表玄関からは、政治家や著名人などのセレブたちが治療を受けるために訪れた。一方、屋敷の裏手にはもう１つの玄関があって、そこからは毎晩のように解剖用の遺体が運び込まれた。**昼は天才外科医として活躍し、夜になると死体を切り刻む「切り裂きハンター」に変身する**。まさに「ジキル博士とハイド氏」のような２つの顔を使い分けていたのである。

ハンターは、屋敷のなかに動物や人間の骨格標本、ホルマリン漬けの臓器などを陳列していたが、あるとき、そんな「死体コレクション」にどうしても加えたいサンプルがあらわれた。１７８２年にアイルランドからやってきたチャールズ・バーンという21歳の大男だった。身長はおよそ２メートル50センチ。彼はロンドンの見世物小屋に出演して有名になっていた。

「私はロンドン一《いち》の外科医だ。死んだらその身体を解剖させてほしい。金はたっぷり払う」

ハンターはバーンを口説いたが、そんな不謹慎な申し出に応じるはずもない。

「ふざけんな。俺の前から失せろ」

ハンターはあきらめず、バーンの動向を追跡した。じつは**ハンターだけではなく、ロンドンの解剖学者たちはみな、この貴重なサンプルを手に入れようとマークしていた**。

ハンターは、バーンを観察するうちに、彼の健康状態がよくないことに気づいた。脳のなかに腫瘍ができていて、体が大きいのはそのせいだろうと分析した。現代的にいうと、腫瘍の圧迫による成長ホルモンの過剰分泌を原因とする小児期《しょうにき》先端巨大症《せんたんきょだいしょう》と考えられる。

「焦る必要はない。このまま待てばいい」

ハンターは巨人の寿命が長くないと悟った。

やがて、飽きっぽいロンドンっ子たちは巨人への興味をなくし、バーンの仕事は減った。バーンは酒浸りとなり、肺結核を患い、脳のなかの腫瘍は大きくなりつづけた。死期が近いことを悟ったバーンは、自分の死を手ぐすねを引いて待つハンターの存在を恐れるようになった。

バーンは、それから1年後に亡くなった。ハンターの読みどおりだった。しかし、バーンは遺言を残し、ハンターへの最期の抵抗を試みた。

「**この体をハンターに解剖させてはならない。遺体を海に沈めてくれ**」

バーンの友人たちはその遺言にしたがい、ロンドンから遠く離れた海辺まで巨人の棺を運び、船に乗せて沖まで漕ぎ出し、海に葬った。

ちょうどそのころだ。**ハンターはうっすら笑みを浮かべながら、ひとりの男の身体を切り刻んでいた。バーンの遺体だった。**じつはハンターは、葬儀屋を買収し、密かにバーンの遺体を屋敷に運び込ませていたのだ。棺の中身は石に置き換えられていた。遺体調達におけるプロであるハンターは、ねらったターゲットをけして逃すことはなかったのである。

解剖を存分に楽しんだハンターは、巨人の骨格標本を作り上げた。いまも残るハンターの肖像画の1枚には、その巨人バーンの骨格標本の足元部分が描き込まれている。

ところで、人間と動物の解剖をやりつくしたハンターは、1つの結論に達している。

人類はサルから変化したものである――。

ジョン・ハンターの肖像画（ジョシュア・レノルズ画）。
右上に映る人骨がチャールズ・バーンの骨格標本とされる

ダーウィンより70年も前に「進化論」ともいえる理論を唱えていたのだ。あまりにも斬新すぎたため、だれからも見向きもされなかったが……。

No.4

夢のフリーエネルギー構想に手をだし、すべての名声を失う

ニコラ・テスラ

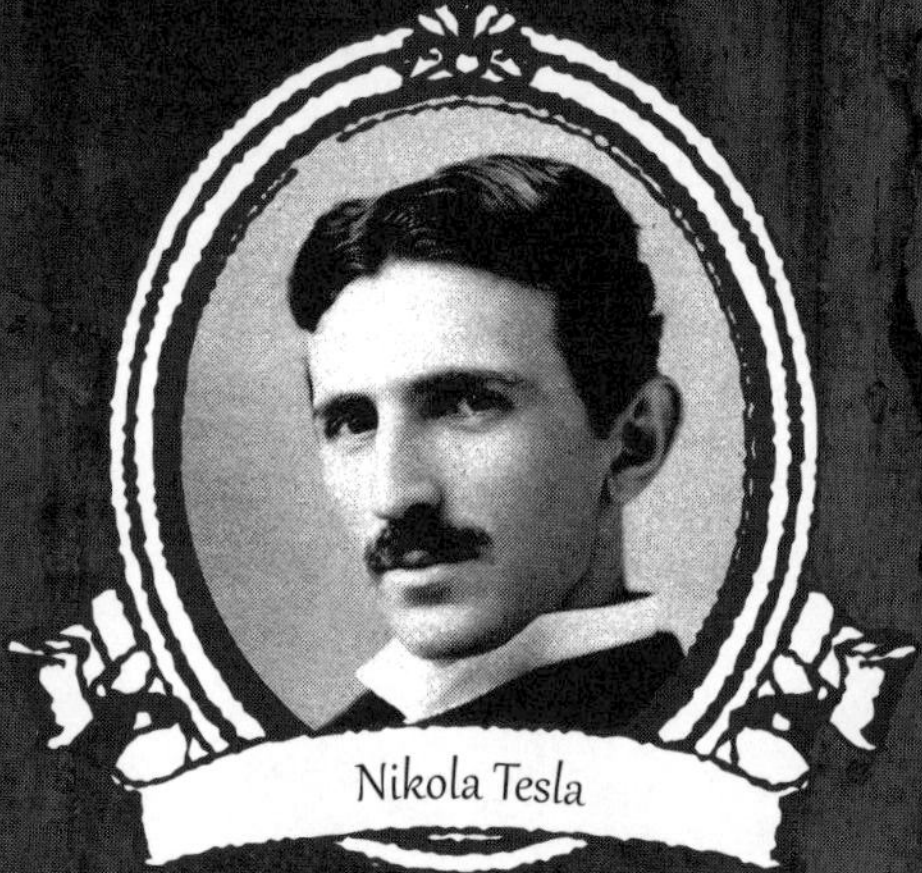

Nikola Tesla

1856 〜 1943 年。
セルビア系アメリカ人の発明家。パリの欧州エジソン社をへて渡米。交流モーター、発電機、送電線の実用化、商用化に貢献。「テスラコイル」など発明品多数。

「マッドサイエンティスト」の代名詞的な存在といえば、ニコラ・テスラである。彼は現在の世界の発送電システムのベースをきずく偉業を成し遂げているものの、なぜかエキセントリックな側面が強調される。テスラという科学者の真の姿はどのようなものだったのか？

電力戦争でエジソンと対決

1856年、テスラはオーストリア帝国（現・クロアチア）に生まれた。セルビア人の家系で、父はセルビア正教会の司祭、母は優れた記憶力をもち発明の才能もあった。

幼いころから数学や科学の才能が突出していたテスラは、オーストリアのグラーツにある工科大学をへて、プラハ大学で哲学を専攻するが、父の死にともない退学。1881年、ハンガリーの首都ブダペストの電話会社に就職した。ところが翌年、持病の神経過敏症が悪化し、休職する。

この束の間の休息がテスラには幸いした。友達につきそわれて公園を散歩しているとき、突如としてすばらしいインスピレーションを得たのだ。それは**交流モーターのアイデア**だった。交流モーターそのものはすでに存在していたが、非効率で実用化にはほど遠いものだった。テスラがひらめいたのは、**交流を2つ以上組み合わせた「二相交流モーター」で、非効率性などの課題を見事に克服できるアイデアだった**。このときテスラが地面に棒で描いた交流モーターの完全なかたちの設計図は、のちにそのまま特許申請されることになる。

1882年、テスラはアメリカの発明家**トーマス・エジソンの会社の欧州法人に入社**し、まもなく推薦書をもらって、27歳で渡米。エジソン社長に雇われた。しかし、ふたりの天才発明

トーマス・エジソン
（1847～1931）

家が理解しあうことはなく、激しく対立することとなる。

エジソンは1882年、世界最初の商用発電所をマンハッタンに建設し、直流システムによる電力事業をはじめていた。ただ、直流システムには送電できる範囲が限られるという弱点があった。テスラが考えた交流システムなら、より遠くへ電気を送ることができる。

テスラは交流システムのアイデアを提言するが、エジソンは聞く耳をもたなかった。

結局、テスラは1年ほどで退社する。直接的な原因は、5万ドルの報酬を条件にテスラが発電機の効率を上げる改良を行うことに成功したにもかかわらず、エジソンが支払いを拒んだことだ。「キミはアメリカ流のユーモアもわからないのか」とエジソンはからかったという。

テスラは独立し、交流システムの特許を取得し、エジソンに対抗する。テスラにはジョージ・ウェスティングハウスという強力なスポンサーがついた。彼はテスラに巨額の特許・使用料を支払い、ウェスティングハウス社の電力事業として交流システムを採用した。

ここに**エジソン陣営とテスラ陣営のあいだで「電流戦争」が勃発する**。次代の電力システムをめぐる主導権争いだ。70年代後半にビデオテープレコーダーの規格をめぐりベータ方式とV

HS方式が争った「ビデオ戦争」のようなものである。

この戦いはテスラが勝利する。1893年のシカゴ万博の照明に交流システムが使われ、さらには1895年にナイアガラの滝に建設された水力発電所で交流発電機が建設されたことで、**テスラの交流システムの勝利が確定した**。このナイアガラの発電所は現在も使われている。

マッドサイエンティストに零落

エジソンとの電流戦争に勝利したテスラは国際的な名声をつかみとり、あちこちで講演や実験ショーを行うようになった。そこで人々を魅了したのが**「テスラコイル」**である。交流システムの原理を使って高周波の電流を生み出し、派手な放電実験をやってみせた。

いまや飛ぶ鳥を落とす勢いのテスラは、壮大な計画を実行にうつす。それが**「世界システム」**である。これは**地球上のあらゆる場所に無線によって電気と情報を届けるというアイデア**だった。

地球は波動をもつ。波動をもつが、周波数が同じ波が干渉しあうので波動がまったくないようにみえる。**「地球定常波」**とよばれるものだ。テスラは、地球がもつこの波動に電気エネルギーを送り込めば、エネルギーを減衰させることなく地球上に行き渡らせることができ、どこ

テスラによる大規模放電実験の様子を写した写真。
ただし、これは宣伝用に二重露光で撮影されたものである

にいても電気や情報をとりだせると考えた。

1899年、テスラはロッキー山脈のコロラドスプリングス近郊に研究所を設置し、早速検証実験を行った。そこで、世界システムの前提となる地球定常波を発見した。テスラはこれを「人生最大の発見」と言っている。

デモンストレーションとしてアンテナ塔から地中に電力を送り込んだところ、約40キロ離れた場所にあるエジソン社の電球が200個点灯した。近隣の住人は足と地面のあいだにスパークが生じる驚くべき光景を目撃している。実験塔から30メートル以内の場所では、装置が切られたあとも長時間にわたって電球が光りつづけたという。また、人工稲妻が発生したり、州全域で数百件の火災が発生したという報告もある。

テスラはこれらの実験をもとに論文を書き上げ、1900年6月、『センチュリー』誌に掲載した。この論文に目を留めたのが資本家のJ・P・モルガンである。モルガンはテスラに資金を提供し、1901年、ニューヨーク近郊のロングアイランドのショアハム海岸に高さ約60メートルのアンテナ塔が建設された。「世界システム」は実現にむけ

ロングアイランドに建設された
ウォーデンクリフ・タワー

て動き出した。

ところが**同年12月、イタリアのマルコーニが大西洋横断無線通信実験を成功させてしまう**。マルコーニの無線通信は火花放電というきわめて単純な方法で、テスラのアイデアよりも手軽に情報の送受信ができるものだった。テスラの世界システムは莫大な費用がかかるうえ、実現までにトラブルつづきで難航している。**１９０５年、モルガンからの資金援助は打ち切りとなった**。

ここからテスラの人生は没落の一途をたどる。テスラのような発明家がもてはやされる時代も終わりを迎えつつあった。資本家たちは企業のなかに研究所を設置し、大学で専門教育をうけた確かな知識のある研究者を集め、より高度な研究・開発をさせるようになっていた。**ほとんど独学で研究をする発明家に資金を提供して特許を買収することはなくなっていたのだ**。

テスラの言動も迷走をはじめる。

かつてマンハッタンの研究所で機械的振動装置を作動させ、人工地震をひきおこしたことにふれ、この装置を使えば「エンパイアステートビルを崩壊させることも、地球を真っ二つにすることも可能」と言ってみたり、コロラドの研究所でラジオ受信機の研究をしているとき、「火星からのメッセージを受信した」と発表した。

また、思考のなかのイメージを写真撮影する装置について語ってみたり、「殺人光線」で400キロ先を飛ぶ1万機の飛行機を撃墜することができるなどと発言した。**常人には理解しがたい話ばかりするテスラは、怪しい発明をする「マッドサイエンティスト」とみられるようになっていった。**

1915年11月、『ニューヨーク・タイムズ』はロンドン発の記事としてテスラとエジソンがノーベル物理学賞を同時受賞すると伝えた。しかし結局、両者ともに受賞はなかった。記事は話題作りにすぎなかった。

テスラの業績からいえばノーベル賞を受賞してもおかしくない。ところがテスラは、マッドサイエンティストの烙印をおされたばかりか、科学史からもその名をほとんど抹消されている。それというのも彼が夢見た「世界システム」構想が原因ではないか。世界システムは莫大なエネルギーをほとんど無料で、しかも無限に得ることのできるフリーエネルギー構想である。**エネルギー権益をにぎる企業や資本家、政治家にとって排除すべき人物となっていたのである。**

家族もいないテスラの晩年は孤独そのもので、1943年、ホテルの一室でだれにも気づかれずに最期をむかえた。

No.5

放射能研究と引き換えにノーベル賞一家は壊滅する

マリー・キュリー

1867 ～ 1934 年。
ポーランド出身のフランスの科学者。パリ大学で学び、
のちに教授を務める。ラジウム、ポロニウムを発見。
ノーベル物理学賞と化学賞を受賞。

女性としてはじめてノーベル賞を受賞したうえ、2つのノーベル賞受賞者となったマリー・キュリー。科学者としてこれ以上ないほどの華やかなキャリアをきずいているが、その一方で研究に深く没入するあまり、その人生は苦しく過酷なものとなった。

（肖像画引用：『世界の科学者 100 人：未知の扉を開いた先駆者たち』教育社刊より）

強力な放射性物質を次々と発見

マリー・キュリー（ポーランド名：マーニャ・スクウォドフスカ）は、ポーランドのワルシャワに生まれた。ロシア帝国が支配する抑圧された時代に育ったため、マリーの心にはポーランドへの強い愛国心と成功への強い意志が植えつけられた。

10歳のときに母を亡くすが、教師である父の熱心な教育をうけ、学校では優秀な成績をおさめる。しかし、女性には高等教育を受ける道がなかったため、卒業後は住みこみの家庭教師をしながら自力で生計をたてた。稼いだお金はパリで医学の勉強をする姉に仕送りをし、姉が無事に卒業すると、いよいよ自身がパリにわたることになる。

1891年、24歳のマリーはパリ大学の理学部に入学し、3年のあいだに理学はトップ、数学は2位の成績で学士号を取得する。このころ実験場所を探す過程で、ある**フランス人物理学者**を紹介された。それが**ピエール・キュリー**だった。科学者としても異性としても惹かれあったふたりは、1895年に結婚することになる。

ピエール・キュリー
（1859 ～ 1906 年）

マリーは博士論文のための研究テーマを探った。科学界で話題になっていたのは、ドイツの物理学者ヴィルヘルム・レントゲンが発見した**X線**という電磁波だった。X線は紙や木、肉体は透過するが、鉛や骨は透過しない。ただ、X線よりもマリーが注目したのは、**フランス人の物理学者アンリ・ベクレルが発見したウラン化合物から自然に発せられる不思議な光**だった。この光のエネルギーはどこからきているのかを突き止めようと考えた。

マリーはピエールの協力をあおぎ、ウラン化合物が発するエネルギーの電気を測るとともに、さまざまな化合物の試料でテストした。すると、トリウム化合物もウラン化合物と同様のエネルギーを発していることを突き止めた。しかし、それはすでにドイツの科学者が発見していたものだった。マリーはさらにテストをつづけ、その過程で、この**エネルギー放射の現象を「放射能」とよび、それらがもたらす物質（元素）を「放射性物質（放射性元素）」とよぶことにした**。

やがて、ウラン鉱石のピッチブレンド（瀝青《れきせい》ウラン鉱）がウランやトリウムより強力な放射能をもつことを発見する。この新物質を祖国ポーランドにちなんで**「ポロニウム」**と名づけ、1898年7月、ピエールとの連名で論文で発表した。さらに、ピッチブレンドから純度の高いポロニウムをとりだす過程で、ポロニウムよりもさらに強力な放射能をもつもう1つの物質**「ラジウム」を発見**し、同年12月に論文を発表した。

その後、純度の高いラジウムをとりだす作業をすすめ、1902年にティースプーン50分の1杯ほどの純粋なラジウムをえることに成功する。そして1910年までに化学者アンドレ＝ルイ・ドビエルヌとともにラジウムを純粋な金属として抽出した。この純粋なラジウムは重要で、ほかの放射性物質を比較するときの基準として使われるようになる。

過酷な研究生活が健康を蝕む

キュリー夫妻がもっとも精力的に活動したのは、1899年から1904年までの5年間である。このあいだに32件にのぼる研究発表を行い、科学史上の輝かしい業績を残した。

それは**研究者としては充実した日々だったかもしれないが、けして楽しいものではなかった**。安定したポストや仕事もないふたりは、生活費をきりつめ、身を削るようにして研究費を捻出していたのである。ピエールが、「われわれが選んだ人生は、きつい」ともらしているほどだ。

1897年、マリーは長女イレーヌを出産するが、1903

キュリー一家。中央は長女イレーヌ

年、2人目の子どもは流産した。彼女は気づかぬうちに体を酷使していたのだ。その翌年、次女エーヴは無事に生まれている。

じつは**マリー以上に身体的負担をしいられていたのが、ピエールだった**。彼は重度のリウマチに襲われ、歩くことも苦労するほどで、痛みから一晩中うめき声をあげることもあった。

1903年、キュリー夫妻は第3回ノーベル物理学賞をベクレルとともに受賞するが、夫妻は体調不良から授賞式には出席せず、受賞記念講演は1年半延期してもらった。

ピエールは、生活を安定させるため、何度もパリ大学の教授職をあたえてくれるよう働きかけたが、十分な学歴がないことから拒絶されていた。それでも海外で高まる名声をうけて、ついに教授職をえる。マリーもピエールの講座の「実験主任」の肩書きをえた。

夫妻はその気になれば莫大な富をきずけたはずである。ラジウムは医療分野で産業化されはじめていて、ラジウムの精製法について特許を取得していれば、大金が舞い込んできたはずである。ところが夫妻は、なんの権利も主張せず、研究の成果と内容を公開していたのである。

マリーの人生は過酷を極める。

1906年、雨の降るパリの街中で通りをわたろうとした**ピエールがよろけたはずみに倒れ、突っ込んできた荷馬車の車輪に頭部を踏み潰されて即死した**。最愛の夫を突然に失ったマリー。ピエールの講座をひきつぐかたちでパリ大学初の女性教授となるが、とてつもない喪失

—放射能研究と引き換えにノーベル賞一家は壊滅する

マリー・キュリー

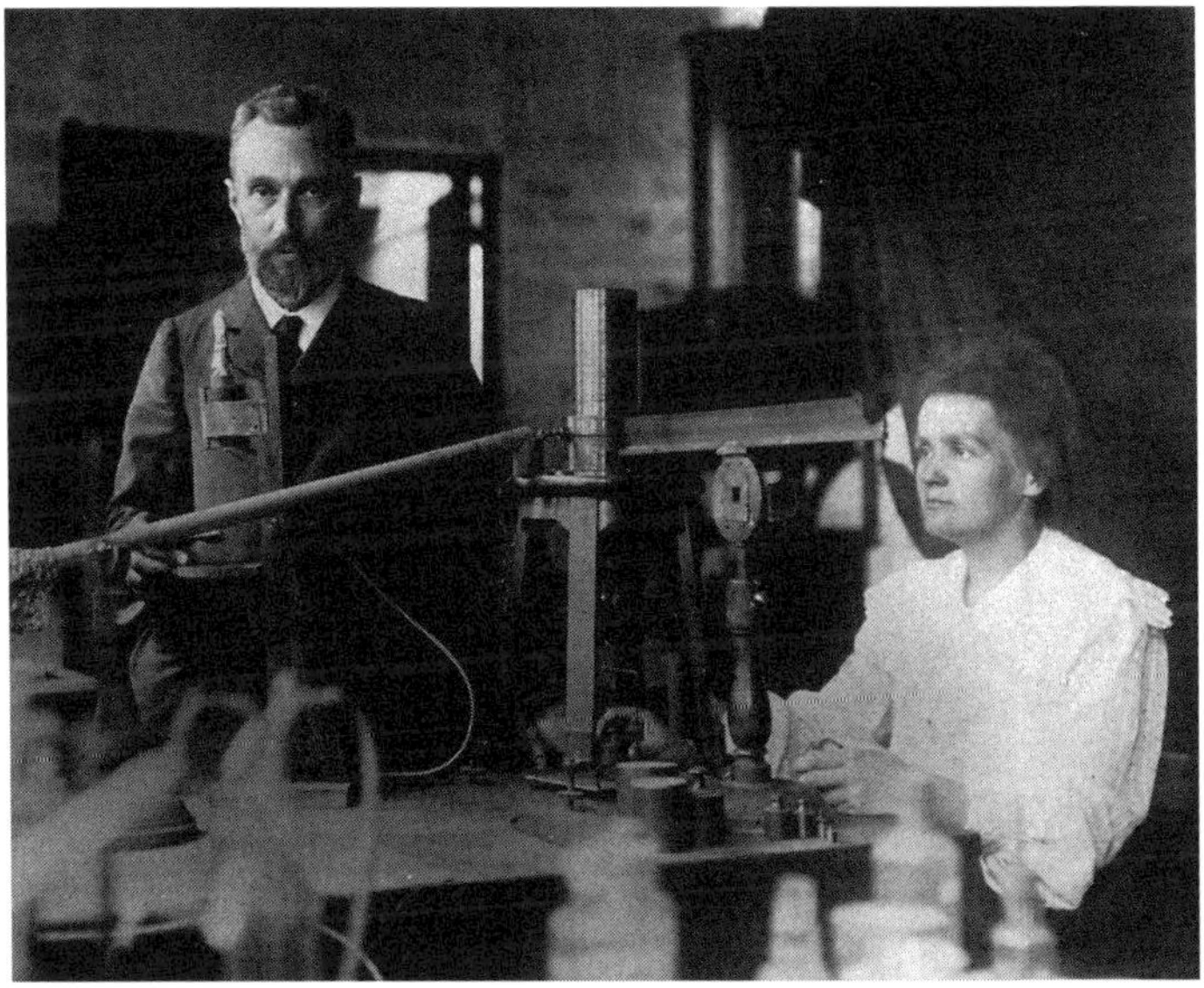

1904 年頃、キュリー夫妻の実験の様子。手前の機器が放射能測定機器

感をかかえながら目の前の仕事をたんたんとこなすしかなかった。

1911年、フランスの科学アカデミーの新会員候補3人のうちの1人となるが、会員は男性のみと考える保守層の反発にあい、選出投票では次点に終わった。

さらにその年、マリーのスキャンダルが新聞紙上をにぎわす。ポール・ランジュバン教授との不倫を疑うもので、マリーを「他人の家庭を引き裂く毒婦」と書きたてた。しかし、ランジュバンはピエールが存命中からの夫妻の親友であり、夫を失ったマリーと夫婦間の問題をかかえるランジュバンはたがいに励ましあう関係にあっただけである。

そんなスキャンダルの渦中、ラジウムとポロニウムの発見の偉業によりノーベル化学賞授賞の一報が伝わる。**マリーは史上初の2度目のノーベル賞受賞者となった**。このときのマリーはストックホルムを訪れ、記念講演を行った。しかし、精神的にも肉体的にも疲弊し、この年の暮れ、マリーはとうとう倒れてしまう。重度の腎炎と診断され、翌年春に手術をうけた。

第1次世界大戦ではフランス放射線局局長となり、X線撮影装置を積んだ救急車を自ら運転し、前線にかけつけた。ノーベル賞の賞金も含めた一家の財産は、戦時国債の購入や寄付、献金など、すべて戦争のためにつぎこまれた。

戦後、マリーの体にさまざまな障害があらわれはじめる。

白内障が進行し、何度も手術をうけるが、視力は低下しつづけた。原因不明の頭痛や目まいが襲う。そして１９３４年、ついにベッドから起き上がることができなくなり、そのまま白血病により亡くなった。67歳だった。

　マリーの死は、放射線に長年被爆していたことが原因と考えられている。**マリーとピエールは、放射線のリスクというものにあまりにも無頓着だった**。ピエールは、実験としてラジウムを腕にのせて火傷をおうこともあった。マリーの手にもラジウムによる火傷のあとがあちこちにあった。マリーは放射性元素を入れた試験管をポケットに入れっぱなしにすることもあった。

　ちなみに、最初のノーベル賞を共同受賞したベクレルは１９０８年に55歳で亡くなっている。やはり放射線障害によるものと考えられている。そして物理学者となった娘イレーヌとその夫フレデリックは人工的な放射能の発見により夫婦でノーベル化学賞を受賞しているが、イレーヌは白血病により１９５６年に亡くなり、その２年後、フレデリックも肝臓病で命を落としている。

　放射線の毒牙はマリーとその周囲の者たちに容赦なく襲いかかり、ことごとく死に至らしめていたのである。

パリのラジウム研究所で教鞭をとるマリー・キュリー
（1927 年、提供：PAP/ 時事通信フォト）

母と妻を開発中の麻酔薬の実験台にした

華岡《はなおか》 青洲《せいしゅう》

1760～1835年。
江戸時代の外科医。紀伊国の医者の家系に生まれ、
京都で修行。帰郷後、経口麻酔「通仙散」を開発し、
世界初の全身麻酔による外科手術に成功した。

近代の医療技術のなかでも遅れていた分野は、麻酔技術である。外科手術によって治療できることがわかってくると、麻酔技術の確立は急務となっていた。

日本の紀伊国の片田舎で、その麻酔薬をたったひとりで開発する外科医がいた。華岡青洲である。麻酔薬の効果を確かめるには、人体で実験するしかない。そこで実験台となったのは、青洲を支える身近な女性たちだった。

—母と妻を開発中の麻酔薬の実験台にした
華岡 青洲

村から犬がいなくなる

華岡青洲は、紀伊の西野山（現・和歌山県紀の川市）に生まれた。代々医者の家系であったため、あたり前のように診療所で父の手伝いをするようになったが、そこでたびたび医学の限界にぶつかることがあった。手術で腫瘍を取り除けないために命を落としていく患者がいたのだ。

「麻酔薬さえあれば、手術はできるんだが」

そう言って唇をかみしめる父の姿を見ていた青洲は、麻酔薬のことを調べるようになった。

京都留学中にさまざまな文献にあたった。すると中国の医学書のなかに、1500年以上前に活躍した伝説的な医者である華佗《かだ》が、麻酔薬を使って患者を眠らせ、そのあいだに体を切って患部を取り除く手術をしたという記述を見つけた。

チョウセンアサガオ

華佗の麻酔薬の主成分は、**「曼陀羅華《まんだらげ》（別名チョウセンアサガオ）」**とよばれる白い花だった。可憐なこの花は、いちど口にすれば気がふれたように精神錯乱するほど強い毒性と幻覚作用がある。その特性から「きちがいなすび」ともよばれていた。そのまま患者にあたえれば、強い幻覚作用を引き起こし、もがき苦しみ、下手をすれば死にいたる。この花を麻酔薬として完成させるには、ほかの材料とうまく調合する必要があった。しかし、文献ではそのことにふれていなかった。麻酔薬に詳しい医者もいない。青洲はひとりで麻酔薬の開発に挑まなければならなかった。

1785年、3年の京都留学から帰郷したその年、父が他界。青洲は診療所をひとりで支えながら、忙しい合間をぬって麻酔薬の研究にあたった。診療所を手伝っていたのは母と妹たち、そしてもう1人、紀伊の名家である妹背家《いもせけ》から嫁いできた**加恵**《かえ》だった。加恵とは、ふたりの子宝に恵まれた。

青洲は川沿いの草むらや森を歩いては薬草を集め、それらをつぶし、熱を加えて曼陀羅華に混ぜた。薬というのは実際に使ってみないことには効果がわからない。犬やウサギに飲ませて症状を観察した。だいたいは発狂して死んだ。しかし気にしている暇はない。「曼陀羅華が強すぎたか」と言って、薬草の量を調整し、また動物実験をつづけた。青洲があまりに多くの犬を実験台にして殺してしまったことから、西野山の村からほとんど犬が消えたといわれる。

そんななか、薬を飲ませた一匹の犬が数時間眠りつづけたあと、目を覚まして、なにごともなかったかのように、元気に外に飛び出していった。ついに薬が完成したのである。

青洲は、曼陀羅華を含め6種類の薬草を調合してつくったその麻酔薬を**「通仙散」**《つうせんさん》と名づけた。しかし、喜びもつかのま、「この薬が人間でうまくいくとはかぎらない」と我にかえった。

人間で実験をするか？　いや、危険が大きすぎる。自分の体でためすか？　いや、自分が死んでしまったら薬は使えない。結局、通仙散はだれにも服用させることなく、引き出しの奥深くにしまわれた。

女性たちを薬漬けに

しばらくして、妹のひとり、於勝《おかつ》が乳がんに侵されていることがわかった。乳房を切ってなかの腫瘍を取り除くことはできるが、手術には耐えがたい痛みをともなう。

「通仙散をためすときか」

青洲の脳裏をよぎったが、それは薬をためしたい医者のエゴでしかなかった。通仙散は人間で治験をしていないかぎり、未完の薬でしかない。手術に成功したとしても、妹は眠りから醒めずにそのまま命を落とす恐れも十分にあった。そうして逡巡しているまに妹は亡くなってしまった。

「人でためすほかない」

妹の死にむくいるには人間で治験をやるしかないと青洲は腹をくくった。青洲のその思いを汲んだのは、母と妻だった。青洲もどのみち家族に協力してもらうしかないと思っていた。

通仙散は、現在の麻酔のように服用後すぐに眠りに落ちるわけではない。最初に薬を飲んだ母は、布団に横になると、脈が少しずつ速くなり、胸の動悸がはげしくなった。熱が上がり、唸り声をあげて全身をくねらせ、暴れ出した。青洲は両腕をおさえた。「これはまずい」と思っていると、やがて全身の力がぬけ、意識がうすれ、深い眠りに落ちた。顔の火照りはひいて、脈は正常をとりもどした。麻酔がきいていた。数時間後、母は静かに目を覚ました。

こうして通仙散の最初の治験は成功に終わった。しかし、このときは曼陀羅華の量をかなり抑えていたので、本来ためしたかった量を加え、こんどは妻の加恵に飲ませた。

すると加恵は、すぐに「苦しい」と言って、高熱になり、喘ぎ声をあげてうなされた。それから深い眠りに落ちた。いつまでも眠りつづけ、声をかけても、体をゆすっても目を覚まさない。「もしかしたらこのまま」と、青洲は覚悟したが、3日目の夕刻になって加恵は目を覚ました。

このような生死ぎりぎりの治験が、じつに10年にもおよんだ。

青洲にはゴールに近づいている手応えがあった。完璧な薬の着地点にむけて感覚を研ぎ澄ませていた。しかし、**それとともにそれ以外の情報が遮断されていった。母と妻にはくりかえし薬が投与され、その体はぼろぼろになり悲鳴をあげていたが、そのことに気づいていなかった。**かといって女性たちは自ら、「やめてください」とは言わなかった。

とくに危ういのは加恵だった。青洲は、年老いた母よりも若くて体力のある加恵に自然と多くの薬をあたえるようになっていたのだ。加恵は、それを承知のうえで、いちども拒むことなく夫のつくる薬を飲みほし、つらい症状にもたえていた。

そのときは、ほぼ青洲が予測した通りの時間に、加恵は目を覚ました。症状をみても気になることはなかった。ところが布団からおきた加恵は、「あたりが暗い」と言う。彼女のまぶたを開き、ろうそくの光を照らしてみると、瞳孔になんの反応もなかった。

「しまった」と思ったが遅かった。**妻は治験をやりすぎて視力を悪化させていたのだ**。わずかに感じていた光もやがて失われ、加恵はひとり深い闇のなかに落ちていった。もはや家事もできず、子どもの世話もできなくなった。**まもなく母がたおれ、あっというまに死んでしまった**。

ふたりの女性被験者の視力と命を引きかえに、とにかく麻酔薬は完成した。**1804年10月13日、青洲は人類史上初となる全身麻酔による乳がん手術を成功させた**（この日は、のちに日本麻酔科学会により「麻酔の日」と定められた）。しかし、もはや喜びも達成感もなかった。

青洲が手術した乳がん患者143名のうち、術後生存期間が判明するものだけを集めると、最短で8日、最長は41年生きている。平均すれば約3年7か月の生存期間となる。これは200年以上も前であることや、ほとんどが外見に明らかにわかるほど進行した乳がんを対象としていたことを考えると、おどろくべき治療成績といえる。

No.7

ナチスの優生政策のため
断種、安楽死、人体実験を推進

オトマール・フォン・フェアシュアー

1896～1969年。
ドイツの優生学者、人類遺伝学者。ナチスの人種政策の提唱者となり、ユダヤ人大量殺害政策に協力。戦後は罰金のみで罪を逃れ、ドイツの科学界に復帰した。

ナチス・ドイツは第２次世界大戦中、ユダヤ人に対する大量虐殺を行っていたが、じつはそれだけではなく、同胞のドイツ国民に対しても、病気や障害をもつ人を見つけては強制的な不妊手術を施し、さらには安楽死させていた。こうしたナチスの政策の中枢にいたのが、人類遺伝学者オトマール・フォン・フェアシュアーである。彼はなぜこんな狂った蛮行に手を染めたのか？

（肖像画引用：『闇に魅入られた科学者たち：人体実験は何を生んだのか』NHK出版刊より）

優生裁判で強制的に不妊手術

ドイツ中部のゾルツの貴族の家系に生まれたフェアシュアーは、マールブルク大学で当時、世界的に流行していた**「優生学《ゆうせいがく》」**（当時の「人種衛生学」）の研究に没頭していた。

優生学とは、ダーウィンの進化論（生物が生存競争と自然淘汰によって環境に適応しながら進化してきたとする説）やメンデルの遺伝の法則（親から子へ一定の形質が受け継がれているとする法則）などを背景として生まれた思想である。**人間のなかでも遺伝的に望ましい形質をもつ者を残し、そうでない者を取り除くことで、人為的に進化と淘汰を推し進める**。それにより国家や民族、さらには人類の進歩を促そうという考えである。

優生学の先進国はアメリカだ。１９０７年にインディアナ州で世界初の**断種法**が成立し、１９２０年代までにほかの州にも広まり、デンマークやフィンランド、スウェーデン、アイスランドなど北欧諸国に広まった。断種とは、たとえば犯罪者や障害者を対象に、男性の輸精管、女性の輸卵管を切除するなどの不妊手術を行うものである。

フェアシュアーはミュンヘン大学で医学博士号を取得し、テュービンゲン大学の付属病院で遺伝生物学の研究にあたった。そこで取り組んだ双子の研究から、結核の発症には「遺伝的な性質が相当な重要性をもつ」と結論づけた。これは現在から見ても正しいものである。彼はこの双子研究によって注目されるようになり、ドイツの代表的な研究機関カイザー・ヴィルヘルム協会が新設した人類学・人類遺伝学・優生学研究所の人類遺伝学部の部長に抜擢された。

フェアシュアーは、**結核などの重い病気や障害のある人が増えるとドイツ民族の負担になるので、それを回避するには、その遺伝的形質を後世に残さないようにするしかないと考えた。**つまり、断種しかないと主張するようになった。

彼のこの考えはプロイセン州でかたちになる。1932年、同州で断種法が策定された。ただこのときは国の法律で不妊手術が禁止されていたので、実現にはいたらなかった。

ところが、情勢はフェアシュアーに味方しはじめる。1933年、国民社会主義ドイツ労働者党（ナチス）を率いるアドルフ・ヒトラーが首相となり、ナチス政権が発足。ヒトラーは全権委任法を可決させて、立法権を掌握すると、**「遺伝的な疾患をもつ子孫を予防する法律」**を成立させた。いわゆる断種法である。しかもこの断種法は、本人の同意なしに国が強制的に不妊手術を行うことができるというものだった。プロイセン州の断種法ではあくまでも「本人の同意」を条件としていたが、それをとっぱらったのだ。優生政策にとっては理想的な法律だった。フェアシュアーはヒトラーを「優生学を国家の主要原則とした初の政治家」と称賛した。

ナチスは優生学の知識をもつフェアシュアーを必要としており、彼を重用した。フランクフルト大学に新設した遺伝病理学研究所の所長に就かせ、ここで国家政策遂行のための研究をさせた。

フェアシュアーはここでまず、フランクフルト市民の半分にあたる25万人の遺伝情報を集めた。遺伝情報から断種すべき人々を炙り出そうとしたのである。

一方、ナチスの優性政策も進んでいった。1935年、遺伝的疾患の疑いがある者は婚姻そのものを禁ずる「婚姻健康法」が成立し、結婚するためには遺伝的疾患がないかどうかをみる診断をうけ「婚姻適合証明書」の発行をうけることが義務づけられた。遺伝的に問題があると判断された場合には、ナチスの「優生裁判所」が断種を行うかどうかの判決を10分ほどでくだす。この裁判にはフェアシュアーも直接関わっている。そのときの裁判記録として次のようなものが残されている。

妊娠6か月の30歳の女性の例だ。彼女は結婚の申請に来ただけだったが、裁判所に送られ、そこでドイツやフランスの首都を尋ねても答えられず、字を読むこともできなかった。すると「知的障害」と診断され、すぐに中絶して断種すべきという判決がくだされた。

あまりにも非科学的な判決である。しかし、このような事例はけして特殊なものではなかった。

結局、ドイツでは1945年までに約40万人が断種された。ただ、これはドイツに限ったことではなく、世界的に行われていたことだ。アメリカでは1958年までに6万人が断種されている。日本では1940年に国民優生法、1948年に優生保護法が施行され、1996年に母体保護法が改正されるまで断種手術が行われていた。

研究のための人体試料を調達

1935年、ナチスは**ユダヤ人から市民権を奪う「帝国市民法」**と、ドイツ人とユダヤ人の婚姻・性的関係を禁じる**「血統保護法」**を制定した。ドイツ民族を「人種のなかの最上位であるアーリア人種の末裔」と考え、ユダヤ人の血と混じることを阻止しようとしたのである。

このナチスの政策を熱烈に支持したフェアシュアーは、1936年、ユダヤ人問題を検討するナチス傘下の研究機関である帝国新ドイツ史研究所の委員会の顧問となり、**ユダヤ人を科学的に特定する方法を研究した**。身長や目、鼻の形、体臭、かかりやすい病気などからユダヤ人を特定しようと試み、この過程で「ユダヤ人は他の民族よりも糖尿病などを発症しやすく、聾《ろう》や難聴などの障害が起きやすい」などとし、「ユダヤ人を完全に隔離すべき」と主張した。

1939年、第2次世界大戦がはじまるとドイツ国内では医師不足により断種法にもとづく不妊手術は中止された。そのかわりヒトラーの**「安楽死計画」**が実行にうつされた。施設や医療機関に収容されている障害者や精神疾患の患者、結核患者らがドイツの医者たちの手によって計画的に殺された。なかには孤児院や青少年療養施設に入る子どもたちも判定の対象となり、殺された。殺し方は施設によってさまざまだが、公式の安楽死計画では一酸化炭素ガスが使われた。**この安楽死計画により、20万人以上のドイツ人が犠牲になったといわれる**。

一方、１９４２年にカイザー・ヴィルヘルム協会の人類学・人類遺伝学・優生学研究所の所長に就任したフェアシュアーは、こんどは**血液テストによってユダヤ人を特定する方法**を確立しようとした。人種によって血液中のたんぱく質に違いがあるのではないかと考えたのだ。

フェアシュアーは、アウシュビッツ強制収容所で活動するヨーゼフ・メンゲレ医師に命令し、

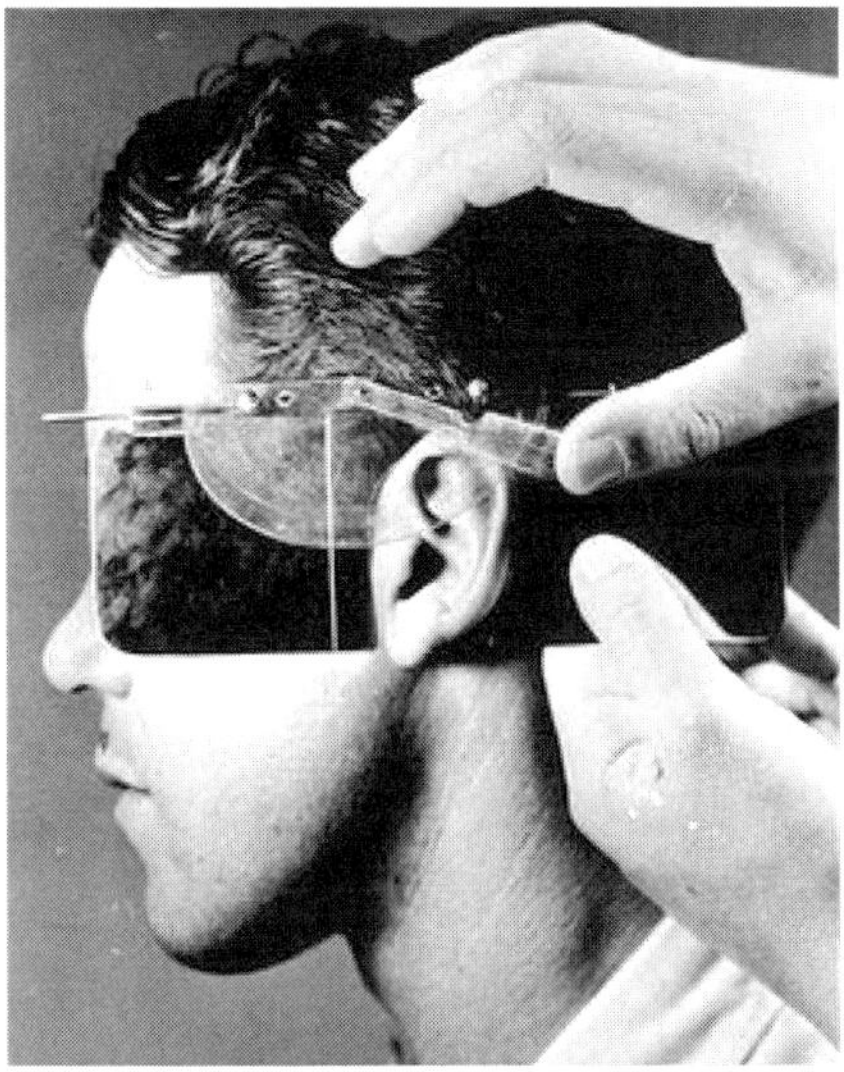

ヴィルヘルム皇帝人類学大学では、耳の大きさを測定して人種系を判断した。撮影日時不明
（画像引用：ホロコースト百科事典
https://encyclopedia.ushmm.org/content/en/article/nazi-racism　Accessed on Jul.29 2024./National Archives and Records Administration, College Park, MD）

ヨーゼフ・メンゲレ（1911～1979年）
戦後は南米に亡命した

収容者たちの血液サンプルを集めさせた。

フェアシュアーの弟子にあたるメンゲレは、師の指示に忠実にしたがい、収容者たちから血液を集めた。ひとりから1日に何度も採血し、血液がなくなるまで採血されることもあった。集めた血液のサンプルには人種や年齢、性別が記され、フェアシュアーのもとに送られた。さらにメンゲレはフェアシュアーが喜ぶのではないかと思い、殺害した収容者の人体から眼球や内臓、骨格などのサンプルを集めた。**フェアシュアーとメンゲレによって、アウシュビッツはおぞましい人体実験場となっていたのだ**。

フェアシュアーは、血液テストによってユダヤ人を特定する試みは成果があったと報告しているが、人種というあいまいな概念を科学的に解き明かすことはそもそも無理がある。もはや彼の研究には意味はなく、ナチスの殺戮行為を正当化する根拠をあたえていただけだ。

戦後、ユダヤ人の大量虐殺に加担した人物たちの多くは、連合国による軍事法廷で戦犯として裁かれたが、**その中枢にいたフェアシュアーは結局、人体実験に関与していた証拠がなく、罰金のみで釈放された**。優生政策を推し進めていたアメリカは、フェアシュアーの罪を問いにくかった側面もあるだろう。

フェアシュアーは、なにごともなかったかのようにドイツ人類学協会の会長を務めるなどして科学界に君臨し、１９６９年に亡くなった。

問題が顕在化したのは１９８５年以降のことだ。カイザー・ヴィルヘルム協会の後継機関マックス・プランク協会は調査を進め、フェアシュアーがアウシュビッツの収容者虐殺に深く関与していたことがようやく明らかになってきたのである。

No.8

「ゲーム理論」の天才数学者、
水爆開発・ソ連攻撃をうったえる

ジョン・フォン・ノイマン

John von Neumann

1903年～1957年。
ハンガリー出身のアメリカの数学者。
プリンストン高等研究所教授。ゲーム理論など現代数学に
多大な業績を残す。ノイマン型コンピュータを発明。

天才的な数学者であるジョン・フォン・ノイマンは、アメリカの原子爆弾の開発において決定的な役割をはたしたひとりである。ノイマンの狂気は、多くの科学者が自責の念にかられるなか、まったく悪びれることなく冷徹な主張をエスカレートしていったことだ。

量子力学を数学的に完成させる

1903年、ノイマンはハンガリーの首都ブダペストで生まれた。ユダヤ人の家系で、ノイマンが10歳のときに貴族に叙された。名前にある「フォン」は貴族の証である。

幼いときから記憶力と暗算能力にすぐれていたノイマンは、大学助手を家庭教師につけ、数学の才能をのばした。**大学に入る前に多項式に関する論文を発表し、早くも一流の数学者とみなされるようになる。**学部4年間はブダペスト大学に在籍しながらベルリン大学で学び、大学院にすすむと、チューリヒにあるスイス連邦工科大学とかけもちした。こうしてブダペスト大学の数学の博士号と、スイス連邦工科大学の化学工学士を取得した。

ベルリン大学やハンブルク大学で講師をつとめ、同時にアメリカにも招かれ、プリンストン大学の客員教授となった。数年間はドイツとアメリカをかけもちするが、ナチスの台頭にともないアメリカに軸足をうつし、1933年、プリンストン高等研究所の数理物理学の教授となった。以降、死のときまでこのポストにとどまることになる。

ノイマンの数学における業績としては、主に次の2つがある。

1つは、1932年に発表した書籍**『量子力学の数学的基礎』**である。原子の世界を記述する量子力学は1925年ころにはじまるが、その記述のしかたは2通りあった。ドイツの理論物理学者ヴェルナー・ハイゼンベルクは「行列力学」を使い、オーストリアの理論物理者エルビン・シュレーディンガーは「波動力学」を使った。見かけは違うが結果は同じである。するとノイマンは、**この2つのアプローチが同じであることを数学的に証明してみせた**。このノイマンの証明によって量子力学は完成したとみなされるようになる。

もう1つが、アメリカの経済学者オスカー・モルゲンシュテルンとの共著で1944年に発表した論文『ゲームの理論と経済行動』である。ここで説かれているのは**「ゲーム理論」**で、かんたんにいうと、最悪のケースが想定されるときでも、そのなかで最高のものを選ぶ作戦をたてるのがよいというものだ。「ミニ（最小）マックス（最大）法」や「マックスミニ法」とよばれる。ときには大きな賭けにでるなど、さまざまな複雑な作戦が説かれている。

こうして純粋に数学の分野で活躍したノイマンだったが、**第2次世界大戦が勃発すると、その頭脳を軍事研究のためにフル活用していくことになる**。

京都への原子爆弾投下を支持

1937年にアメリカ市民となったノイマンは、アメリカのために働くこととなった。海軍兵器局や陸軍兵器局、戦争省、科学研究開発庁からよびだしをうけ、相談にのった。

それだけではなく、原子爆弾製造の「マンハッタン計画」がすすめられているロスアラモス研究所にもかりだされた（P187参照）。ノイマンは原子爆弾を爆発させる1つの方式である「爆縮方式」のため、複雑な数値計算を半年ほどで終わらせている。

ロスアラモスには多くの科学者が住んでいた。彼らは機密保持のため定住させられていたが、ほかの仕事もかけもちするノイマンは定住せず、出入り自由という「特別待遇」をあたえられていた。

人望のあったノイマンは科学者らの相談にものったが、みな自分たちがつくっているものが大量殺戮兵器であることを認識し、罪悪感をかかえていた。物理学者のリチャード・ファインマンもそんなひとりだった。するとノイマンは、**「我々が今生きている世界に責任をもつ必要はない」**と言い、ファインマンの気を楽にさせた。これでファインマンは「社会的無責任感」をもつようになったという。おそらくノイマン自身、社会的無責任感という割り切った思考をもつことによって、純粋に科学の世界に生きる術を身につけていたのだろう。

1945年5月10日、ロスアラモスで「標的委員会」が開かれた。この会議にノイマンは科学者を代表して出席する。空軍が原爆の標的として提案したのは、「皇居、横浜、新潟、京都、広島、小倉」だった。ノイマンは皇居への投下に強く反対した。命令系統を失うと戦後の占領統治がむずかしくなるというのが理由だった。一方、彼が支持したのが京都だった。**歴史的文**

化的価値が高い京都に投下すれば日本人は戦意を喪失し、降伏すると考えたのだ。ゲーム理論をつくったノイマンらしく、あくまでも戦争の勝利から逆算して思考していた。ただ、ノイマンの案はヘンリー・スチムソン陸軍長官の反対にあい、最終的に広島・小倉・長崎の順番となる。

このようにノイマンはマンハッタン計画に大きくかかわったが、皮肉なことに、これが現代のコンピュータの原型を誕生させるきっかけとなる。原爆開発を通して行った膨大な計算作業がコンピュータの必要性を痛感させ、開発のモチベーションになったのだ。

アメリカのコンピュータ開発は陸軍が主導し、ミシガン大学講師から陸軍に志願した数学者ハーマン・ゴールドスタイン中尉を中心にすすめられていた。彼の指導のもと、1944年8月、ペンシルヴェニア大学電子工学科で「ENIAC」の試作品が完成する。

ノイマンは「ENIAC」を見て、改良のアイデアをねった。プリンストンとロスアラモスを往復する列車のなかでコンピュータの「論理構造」をノートに描いた。ゴールドスタインはこのメモをタイプし、『第一草稿』というタイトルでまとめた。そこにはハードウェアとソフトウェアを分離し、プログラムを内蔵したコンピュータの姿が描かれていた。いわゆる「ノイマン型コンピュータ」である。

ここから「ENIAC」の後継機「EDVAC」が生まれる。それだけではなく、『第一草稿』が世界中に拡散するとともに、ノイマン型コンピュータがその後のコンピュータ開発のモデルと

—「ゲーム理論」の天才数学者、水爆開発・ソ連攻撃をうったえる
ジョン・フォン・ノイマン

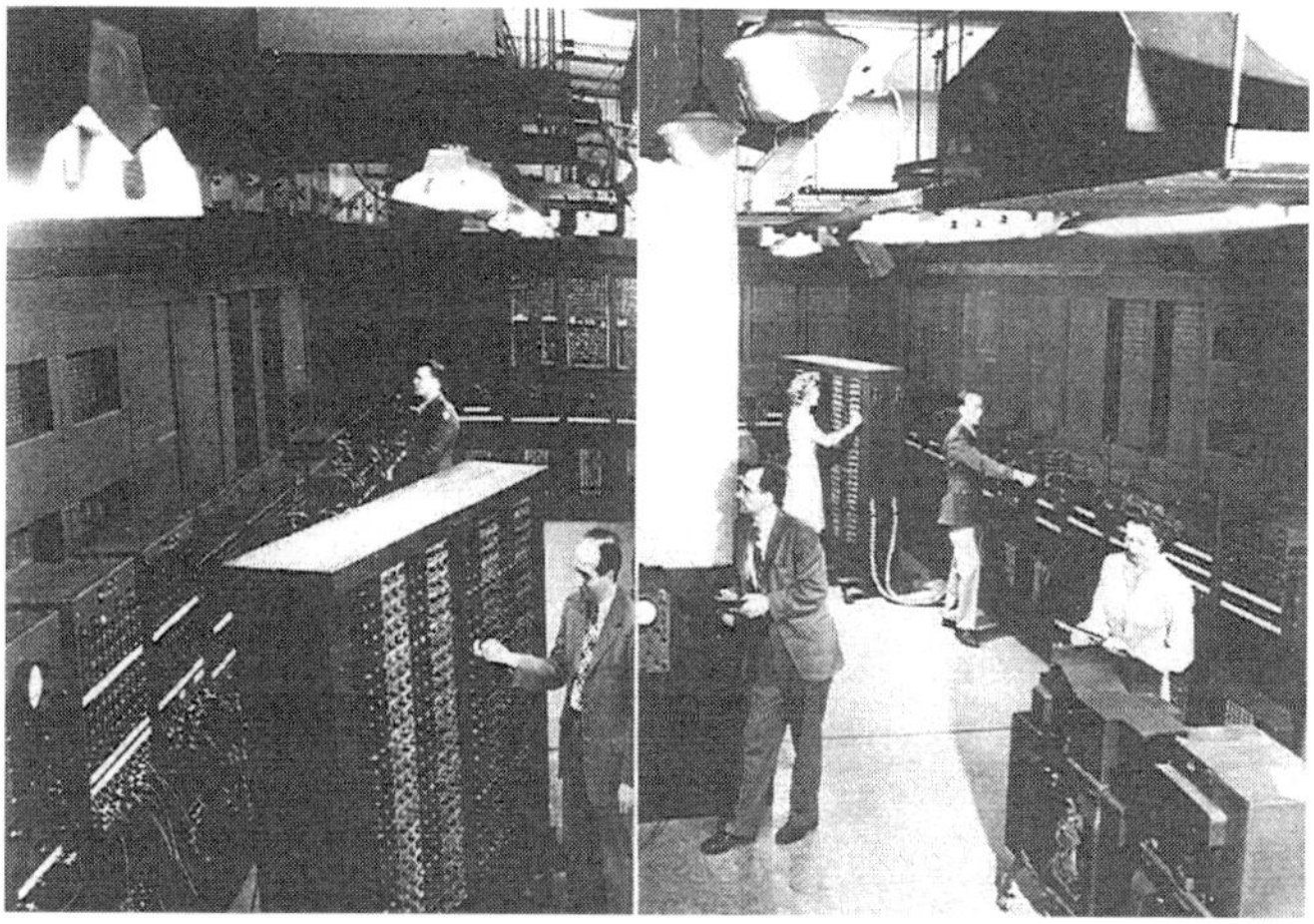

「ENIAC」。全長 30 メートル、総重量 30 トンという規模だった
（画像引用：『世界の科学者 100 人：未知の扉を開いた先駆者たち』教育社刊より）

なっていったのである。ノイマン自身も１９５２年にプリンストン高等研究所において「高等研究所（IAS）マシン」、別名「MANIAC」を完成させている。

さて、戦後のノイマンはプリンストン高等研究所にとどまりながら、政府や軍の研究機関、企業のコンサルタントなど複数の役職をつとめ、狂気の度合いを加速させていった。**彼はまるで強硬派の政治家のようにソ連攻撃と水爆開発をうったえていく**。

当時、イギリスの哲学者バートランド・ラッセルは、ソ連が原爆をもつ前に「予防戦争」をしかけるべきだと主張していた。ノイマンはこれに賛同し、あるインタビューで、

「ソ連を攻撃すべきか否かは、もはや問題ではない。問題はいつ攻撃するかだ」

「明日爆撃するというのなら、なぜ今日ではないのか。今日の5時に攻撃するというのなら、なぜ1時ではないのか」

と語っている。ノイマンが「マッドサイエンティスト」の仲間入りを果たすのは、この発言がきっかけである。このときのノイマンがモデルとなって生まれたのが、映画『博士の異常な愛情』（スタンリー・キューブリック監督）のストレンジラブ博士である。

水爆開発は１９５０年、トルーマン大統領の命令をもとに科学者や技術者がロスアラモスに集められてはじまる。その中心にいたのは核融合爆弾のアイデアを最初にしめしたエドワード・テラーである。彼は「水爆の父」とよばれるようになる。

オッペンハイマーやアインシュタインをはじめとする多くの科学者は水爆開発に反対したが、ノイマンは賛成の立場をとった。核融合の方法を検証するため「MANIAC」を使って計算に協力もしている。1952年11月1日、アメリカは人類初の水爆実験「アイビー作戦」を成功させ、翌年、ソ連も水爆実験に成功し、米ソの核兵器開発競争が激化していく。

その後も核兵器委員会の委員長や原子力委員をつとめ、アメリカの軍事政策に大きな影響をあたえたノイマンは、1957年、ガンで亡くなる。まだ53歳だった。

狂ったマッドサイエンティストの代名詞となったノイマンだったが、彼は科学の偉大さとともに恐ろしさも認識していたはずである。ある日、ノイマンは帰宅すると、妻クララにこう言った。

——いま我々がつくっているものは怪物だ。

No.9

「監獄実験」で学生同士の残虐な虐待を野放しにしていた

フィリップ・ジンバルドー

1933年〜。
アメリカの心理学者。スタンフォード大学心理学名誉教授。
米国心理学会会長。「スタンフォード監獄実験」の責任者としてしられる。

心理学の研究のなかでもっとも有名な実験であり、大学の心理学部では必ず教えられるのが、「スタンフォード監獄実験」である。心理学者フィリップ・ジンバルドーが指揮したこの実験は、学生同士の残虐な虐待をひきおこし、いまだに物議をかもしている。

（画像提供：CTK/ 時事通信フォト）

人は状況によって悪人に変わる

1933年、ジンバルドーはニューヨークのサウスブロンクスに生まれた。サウスブロンクスは貧困層が住むスラム街で、**暴力と犯罪にまみれた町だった**。そこでは多くの子どもたちが悪事をはたらくようになるが、そうはならない子どももいた。ジンバルドーは、その違いは周囲の「状況」によって変わるのではないか、などと考えていた。

人間の心理に興味をもったジンバルドーは、大学で心理学を学ぶ。ブルックリン大学、イェール大学をへて、やがてスタンフォード大学の教授になった。

それまでの心理学では、人間の行動はその人のもともとの性格や気質で決まると考えられていた。しかし、ジンバルドーは、その人のおかれた状況や、そこでの役割が行動に大きな影響をおよぼすのではないかと考えた。同じように考える学者が何人かいた。

スタンレー・ミルグラム
(1933～1984年)

そのひとりがイェール大学の心理学者スタンレー・ミルグラムである。彼は1963年、のちに「服従実験」とよばれる実験結果を発表する。

この実験では、被験者の「先生役」に対し、テストで解答を間違えた生徒に電気ショックをあたえるように命じた。生徒と電気ショックは実験のために仕込んだもので偽物だが、先生役はそのことを知らない。先生役の被験者ははじめは躊躇《ちゅうちょ》していたものの、白衣の男からくりかえし命令をうけるうちに電気ショックのボタンを押すようになった。最終的に6割以上の先生役が生徒に電気ショックをあたえた。

このミルグラムの実験は、**強い権威者のもとにおかれると、人間は命令に服従するようになり、いくらでも残酷になりうることをしめした**。

一方、心理学者ウォルター・ミシェルは1968年の著書『パーソナリティの理論〜状況主義的アプローチ』において、当時としては斬新な「状況論」という学説を唱えた。

ミルグラムやミシェルから多くのインスピレーションをえたジンバルドーは、状況の力が人間の言動にどのような変化をもたらすのかを調べるため、恐ろしい心理学実験を設計した。それが**「スタンフォード監獄実験」**である。

これは「模擬監獄」という場をつくり、そこに被験者の学生を「看守役」と「囚人役」にふりわけて配置し、それぞれどのようにふるまうかを観察する。1971年8月14日、カリフォルニアのスタンフォード大学心理学部の地下室につくられた「監獄」で実験ははじまった。

監獄長として虐待的行為を指示

実験は、警察の協力のもと、**ほんものの逮捕劇の再現**からはじまった。囚人役の学生9人は自宅から連行され、指紋をとられ、全裸にされ、囚人服を着せられる。囚人役は3つの「監房」に3人ずつふりわけられ、看守役が昼間・夜間・早朝の3交代制で監視する。

監獄をほんものに近づけるため、いくつかのルールがあった。看守役は囚人役のことを名前ではなく識別番号でよぶ。囚人役は看守役のことを「刑務官殿」とよび、命令には絶対に服従する。囚人への肉体的な暴力は禁じられたが、威嚇はしてもよい。さらに、囚人がトイレに行くときは一列にならび、足首の鎖でたがいにつながれ、頭に紙袋をかぶせられる。反抗すると、懲罰として狭い独房に閉じ込められる。

実験中の様子は、隠しカメラや盗聴マイクで記録された。ジンバルドーはモニターを通して被験者の変化を観察するほか、実験後には被験者への詳細なヒアリングも行った。

実験当初は学生たちは照れてしまい、役になりきれていないところがあったが、実験2日目になると変化がおきた。

囚人役がドアの内側にベッドでバリケードをつくって看守役に抵抗をはじめたのだ。看守役はべつの監房に押し入り、連帯責任だとして、その部屋の囚人役のベッドを奪いとろうとした。

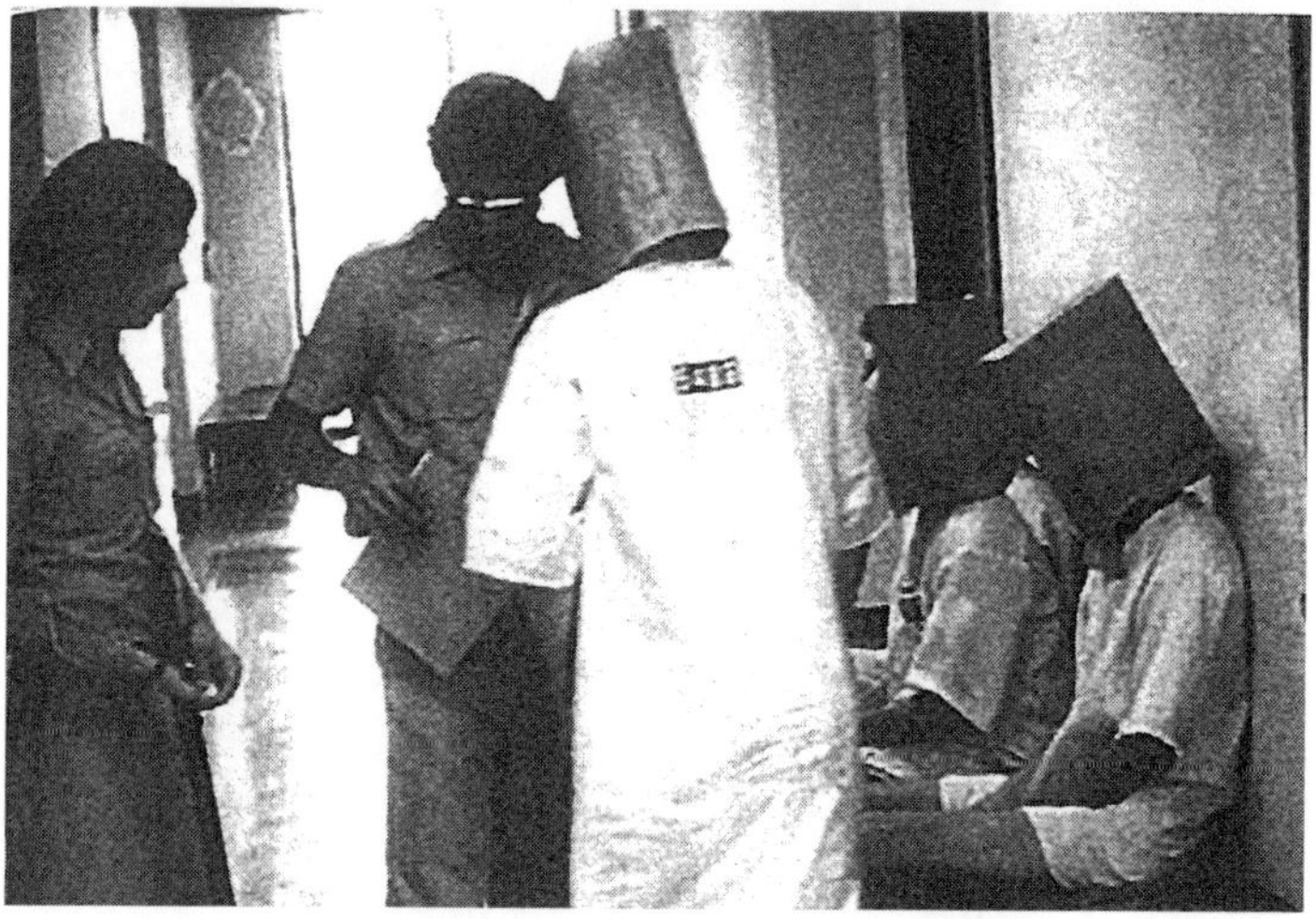

スタンフォード大学の地下で行われた監獄実験の様子
（画像引用：『ルシファー・エフェクト』海と月社刊 より）

「やめろ！」「壁に手をつけ！」と両者のあいだで激しい口論がおきた。

実験3日目になると看守役が高圧的になり、真夜中の点呼を追加したり、夜間のトイレ使用を禁止するほか、警棒でドアを激しくたたくなどして威嚇するようになった。それがきいたのか、実験4日目になると囚人役は看守役の命令におそろしく従順になった。

そして実験5日目、看守役の命令は暴走をはじめる。囚人役をよつんばいにして恥ずかしい行為をしいるなど、虐待行為におよんだのである。**看守役による侮辱の言葉は、実験開始当初は1時間あたり0・3回だったのが、5日目には5・7回にまで増えていた。**看守役の被験者はのちに「自分とは別人になっていた」と証言している。

監獄という状況がごくふつうの学生たちの言動をゆがませ、わずか数日のうちに、一方はより残酷で非人道的になり、もう一方はおそろしく従順になったのである。

じつはこの実験では、**指揮していたジンバルドー自身の言動も変貌している。**実験中に2人の囚人役がストレス障害を発症して脱落していたが、彼はそれでも代わりを補充して実験を続行していた。本来なら実験を即刻中止すべきところである。**ジンバルドーは予想以上に劇的な展開をみせる監獄実験に夢中になってしまい、やめられなくなっていたのだ。**暴力的となった学生が学生を動物扱いし、辱めている。そんな様子を嬉々として観察していたのである。

最終的にジンバルドーは、心理学者でもある恋人の忠告によって我に返る。2週間の予定だった監獄実験は6日で強制終了となった。新聞では、監獄実験は「生徒を獣にした」（「ワシントン・ポスト」）などと報じられ、多くの批判にさらされた。

監獄実験が実証したことの1つは、心理学の実験においても過剰な精神的苦痛を被験者におわせることがあるということだ。実験後、囚人役はもちろん、看守役の学生たちにも心に深い傷が残った。アメリカ心理学会は、この実験の翌年、研究行為における倫理綱領を定め、**「心理学者は研究参加者の尊厳と福祉を保ちながら調査を行う義務がある」**とした。こうして監獄実験は永久に再現できないものとなったのである。

スタンフォード監獄実験には、これまで何度も疑惑の目がむけられてきている。

近年では、2019年に社会科学者で映画監督のティボー・ル・テクシエが『スタンフォード監獄実験の偽りを暴く』という論文を発表。**ジンバルドーが実験に深くかかわり、看守役にかなり詳しくふるまい方を指示している音声未公開部分を掲載した**。夜間のトイレ使用禁止などは、ジンバルドーの指示だった。実験じたいが外から演出されていた疑いがあるのだ。たしかにジンバルドーは観察者の域を大きく逸脱し、「監獄長」として実験に介入しすぎていたことは否定できない。

とはいえ、監獄実験を体感した心理学者ジンバルドーの言葉は重い。彼は、状況や役割によって善人が悪人（悪魔）になりうるとして、これを**「ルシファー効果」**とよんでいる。ルシファーはキリスト教における悪魔のことだ。このルシファー効果を思わせる事件がおきている。

2004年、イラク戦争のさなか、バグダッド近郊のアブグレイブ刑務所でイラク人捕虜が米兵から非人道的な虐待をうけていたことが明るみに出た。米軍や政府関係者は、この虐待は一部のならず者の仕業とした。しかし、米軍の元看守の裁判で専門家として証言したジンバルドーは、看守にあたえられた状況と役割が収容者に衝撃的な拷問や虐待をさせた理由であると語った。

醜悪な状況がよい人間をかんたんに腐敗させてしまう。ジンバルドーは身をもってそのことを体験し、その怖さを訴えつづけている。

No.10

敵国イラクのフセインのために
恐怖の「スーパーガン」を開発する

ジェラルド・ブル

1928 ～ 1990 年。
カナダ出身の科学者。トロント大学の博士号を史上最年少で
取得。火砲を専門に世界各国の兵器開発にたずさわる。
イラクの「バビロン計画」に関わり、暗殺される。

ジェラルド・ブルはカナダ出身の天才科学者である。人工衛星を宇宙空間に打ち上げる画期的な方法を研究し、これに挫折すると、軍事兵器開発の道に足を踏み入れていった。南アフリカや中国、イラクなどをわたり歩き、最期は悲惨な死をとげる。

―敵国イラクのフセインのために恐怖の「スーパーガン」を開発する
ジェラルド・ブル

ロケットを使わずに人工衛星を宇宙空間に打ち上げる

1928年、ブルはカナダのオンタリオ州ノースベイで生まれた。

幼いころから成績優秀だったブルは高校を16歳で卒業し、トロント大学にすすみ、博士号を22歳で取得した。これは同大学の博士号取得者の史上最年少記録であり、現在でもやぶられていない。大学卒業後はケベック市郊外のヴァルカルティエにあるカナダ兵器開発研究所（CARDE）に入所した。

ブルの専門は砲弾やロケットの飛び方を研究する弾道学である。そんな彼にとって、にわかにはじまろうとしていたアメリカとソ連の宇宙開発競争の動向は無視できないものだった。

ロケットはどのように打ち上げるかというと、高度150キロメートルの大気圏まで上昇して第1段ロケットを切り離し、さらに上昇して第2段ロケットを切り離す。つまり、不要になったロケットを切り離して軽くすることで、上昇速度をあげていく。そして最終的にロケットの先端に搭載したペイロード（人工衛星などの機器）を宇宙空間に送りとどける。

このしくみを観察していたブルは、**「ペイロードを巨大な大砲で直接、宇宙空間まで打ち上げることはできないだろうか」**と考えた。もしそれができるようになれば高価なロケットの使い捨てがなくなり、より安くかんたんに人工衛星を打ち上げられるようになる。

ブルがこの構想を発表すると、カナダのマギル大学とアメリカ陸軍が興味をしめし、研究資金を提供してくれた。

ブルはカリブ海に浮かぶバルバドス島（イギリスの自治領）の南島端に研究所を設立し、島の自治政府の同意もとりつけ、**「高高度研究プロジェクト（ＨＡＲＰ）」**という実験をはじめた。打ち上げの高度を徐々に高めていき、やがて全長36メートルという世界最長の砲身を使って、重さ１８０キロのペイロードを高度１５０キロまで打ち上げることに成功する。

「高高度研究プロジェクト（HARP）」で開発されたペイロード打ち上げのための大砲
（画像引用：『軍事研究』26巻9号より）

ところが、1967年になるとマギル大学とアメリカ陸軍がプロジェクトから手をひき、研究資金がとだえてしまう。ブルは「プロジェクトが成功すればNASAの費用の何百万分の1でペイロードを宇宙空間へ打ち上げることができる」と説得したが、聞いてもらえなかった。**こうしてHARPは挫折に終わる**。ブルの科学者としての純粋な夢ははかなく砕け散った。

失意のブルは、アメリカのヴァーモント州とカナダの国境の地にスペースリサーチ社（SRC）という会社を開いて、コンサルタント業をはじめた。SRCをおとずれる依頼人は世界各国の軍事関係者であり、ここからブルは兵器開発に手を染めていく。

禁輸措置に違反して逮捕・投獄

世界の多くの陸軍は口径155ミリの榴弾砲《りゅうだんほう》を使っている。もしも155ミリ榴弾砲の射程をのばし、命中精度を高めれば、どの国の陸軍もほしがるはずである。そこでブルは4年の歳月をかけ、NATOのものよりも1・5倍の射程をもち、命中精度も高い榴弾砲を開発した。

するとさっそくイスラエルやエジプト、ベネズエラ、チリ、イランなどの中小国から問い合わせが殺到し、またアメリカやイギリスやカナダなどの主要国も砲弾以外の課題について相談に訪れるようになった。ブルは世界各国の軍のために大砲や砲弾の設計を手がけるようになった。こうした仕事が認められ、1972年にアメリカの市民権を取得する。

ブルは研究のなかで、155ミリ榴弾砲の理想の砲身の長さは砲腔《ほうこう》の45倍であることを発見する。これにもとづいて開発したのが「GC45　155ミリ榴弾砲」である。主要国からの発注はなかったが、意外な国から依頼がきた。当時、アンゴラでキューバ兵と戦っていた南アフリカである。ブルは「GC45」をもとに南アフリカの火砲のすべてを見直し、これが戦場で活躍するようになると、南アフリカ軍はキューバ兵を圧倒するようになった。キューバ兵はソビエト製の火砲を使っていたが、ブルの設計した火砲のほうがはるかに射程が長かった。

ブルは帰国してからも南アフリカに長距離砲弾の輸出をした。しかし、これがまずかった。当時、人種隔離政策のアパルトヘイトを行う南アフリカに対しては、アメリカは禁輸措置令をだしていたのだ。ブルはこのことを気にせず砲弾を輸出してしまっていた。ブルは逮捕、起訴され、1980年6月16日、米連邦地裁で懲役1年、執行猶予6か月、罰金10万5000ドルの刑がくだされた。ブルはペンシルヴェニア州のアレンウッド刑務所に4か月17日間、収容される。

釈放後のブルは、ベルギーのブリュッセルに拠点をうつしてコンサルタント業を再開した。世界の軍事関係者のブルに対する評価は変わらず、中国やスペイン、ユーゴスラヴィアから仕事が舞い込んだ。そんななか、1987年の冬、イラクから声がかかる。

イラク軍需省のアルミ・サーディはブルにこう言った。

「平和目的の人工衛星を宇宙に打ち上げるというイラクの夢を実現したいのです」

平和目的といいながら、もちろんイラクはロケットの軍事転用を企んでいたはずである。ブルはHARPを再開できるチャンスだと思い、人工衛星を直接、宇宙空間に打ち上げるスーパーガンを提案し、認められた。これが**「プロジェクト・バビロン（バビロン計画）」**となる。一方、すでにプロジェクトに参加していたエジプトやブラジルの科学者らは、ソ連から購入したスカッド・ミサイルを5基たばねて第1段ロケット（「アル・アベイド（信じる者）」とよばれる）にするという構想をもっていた。これは**「プロジェクト・バード」**となる。結局、この2つの構想を同時並行ですすめることになった。

ブルはスーパーガンを設計する。その仕様は口径1メートル、砲身長156メートル、重量1665トンという、とてつもない巨大砲となった。一方、アル・アベイドのために必要な計算をし、新たなデータを提供した。

1989年12月、アル・アベイドの発射実験に成功し、このロケットが人工衛星を宇宙に打ち上げる能力があることをしめした。これは西側の軍事アナリストたちを驚かせた。アル・アベイドを大陸間弾道ミサイルに転用すれば、大きな脅威となるからだ。西側の情報機関は、夢物語のような「プロジェクト・バビロン」よりも「プロジェクト・バード」への警戒を強めた。

すると**1990年3月22日、ブリュッセル郊外でブルが暗殺される**。殺害したのはアメリカのＣＩＡか、あるいはイラクと対立するイスラエルのモサドではないかと噂された。その後、ブルがスーパーガン製造のために発注していた部品の数々がイギリスの税関などで押収される。ブルは７つの国の別々の会社に部品を発注していた。発注した52点の部品を組み立てるとスーパーガンになるという予定だった。発注をうけた会社も、それが何になるかを知らなかった。

１９９１年、湾岸戦争後に国際査察団がイラクに入り、プロジェクト・バビロンのための設備はすべて破壊された。ブルの夢見たＨＡＲＰはこれで完全に葬り去られた。

ブルは命をねらわれるほど、西側から恐れられる存在になっていたのである。

しかしじつは、**アル・アベイドもスーパーガンも西側の軍事的脅威にはなりえないことをブルは知っていた**。アル・アベイドは見た目は立派だが模造品にすぎず、フセインが期待していたスーパーガンも軍事転用にむいていなかった。スーパーガンの全長１５６メートルの砲身は26本の鋼管をつないだもので、１つひとつを下から支えなければならない。そのため、いちど方角を決めたらターゲットの変更ができない。発砲のたびに巨大な炎をふきだすので、衛星や航空機に探知されやすい。軍事的には欠点だらけの巨大砲だったのだ。

西側がこのことを正確に分析していれば、ブルの命が狙われることもなかったかもしれない。

第2章

抹殺された科学者

The scientist who stripped of their honor

真理を突き止めた科学者に
贈られるべきは賞賛であるはずだ。
ところが、その名誉を他者に奪われ
科学者たる存在を**抹殺**された者がいる。
科学の徒も、他者を蹴落としてでも
名誉を求める欲望には勝てないのだろう。

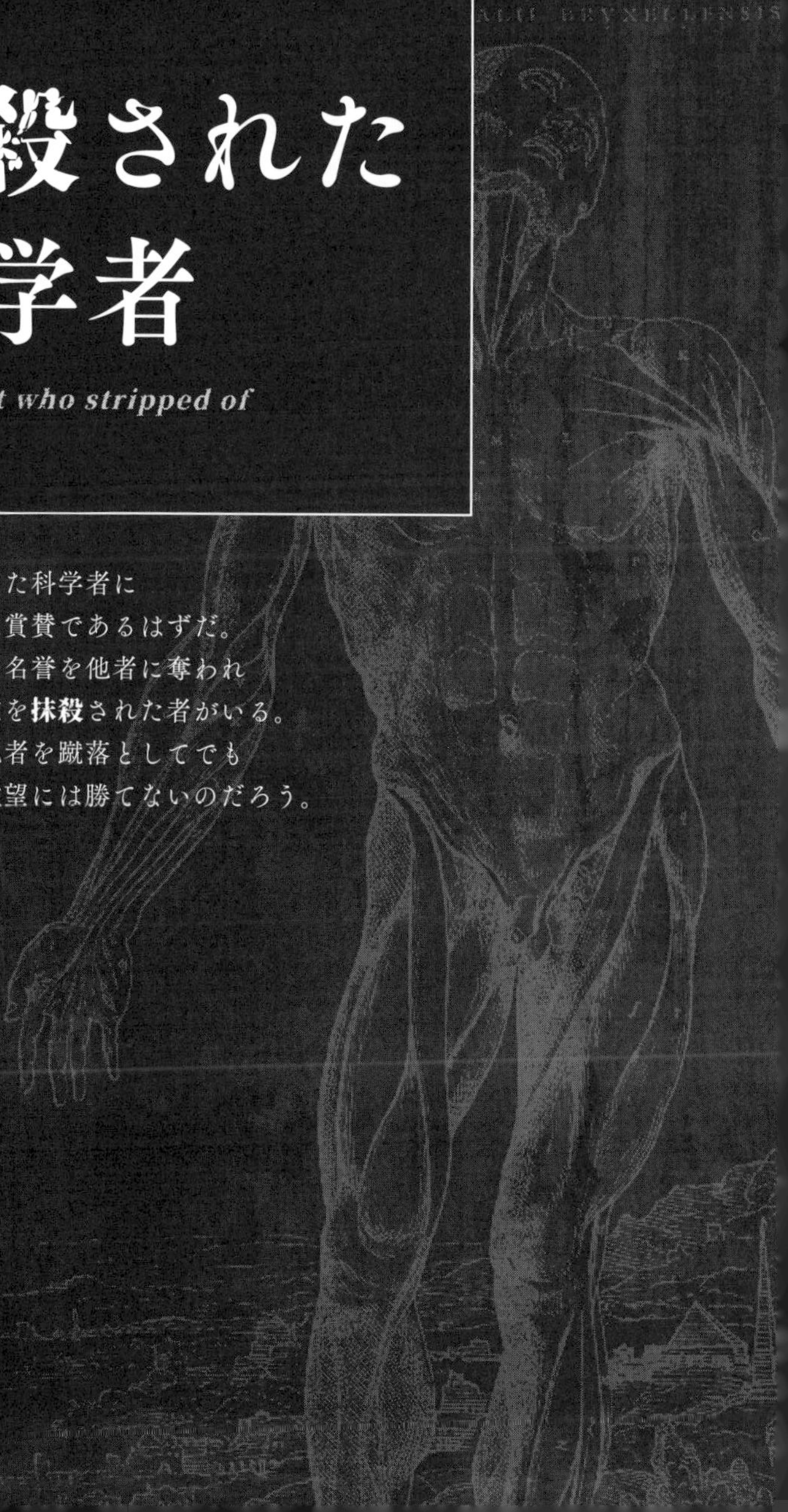

微積分の開発者の地位をニュートン派に強奪される

ゴットフリート・ライプニッツ

1646～1716年。
ドイツの哲学者、科学者。哲学者としてモナド論を説き、
数学者として微積分法を開拓した。政治・外交にも携わり、
マインツ選帝侯やハノーファー選帝侯に仕えた。

ゴットフリート・ライプニッツは、ドイツ哲学の祖とされる。世界は無数の「モナド（単子）」からなるという「単子論（モナドロジー）」を唱えた。そんなライプニッツはじつは数学者としてもすぐれていて、微積分の技法を確立している。ところが微積分のパイオニアとしての地位は、同時代の科学界の巨人、アイザック・ニュートンによっておびやかされている。

微積分の形式と解法をシンプルにまとめる

1646年、ライプニッツはドイツのライプツィヒに生まれた。14歳で地元のライプツィヒ大学に入学し、数学や哲学などを学び、最終的にアルトドルフ大学で法学の博士号を取得している。若き天才法学者として知れ渡り、1668年、マインツ選帝侯のもとで宮廷顧問官に任用される。

このマインツの宮廷では早速、**「万学の天才」ぶりを発揮し、神学や法学、社会福祉思想、図書館学などの分野で精力的に仕事をすすめた**。またこのころから学者や宗教人、君主、宮廷関係者、政治家など各地の著名人と文通し、意見交換を行った。その文通相手は1100人におよんだという。

1672年、ライプニッツは無給休暇をとり、ヨーロッパの文化・学術の中心地であったパリを訪れた。このとき、ルイ14世への接触を試みるも相手にされなかった。

政治的活動は失敗に終わったライプニッツだったが、学術面では多くの刺激をえている。とくに数学者ホイヘンスとの出会いは、ライプニッツが当時構想していた**微積分学**に重要なインスピレーションをあたえた。微積分とは、ある瞬間の変化を数学的にあらわしたり（微分）、その変化の積み重ねから曲線の下の面積を求めたりする（積分）という計算方法である。

翌年、ロンドンにわたり、王立協会に自分の才能と実績をアピールし、あわよくば会員に加えてもらおうと画策するが、うまくはいかなかった。そんなとき、マインツ選帝侯の急死の報せがとどく。**ライプニッツの任官は解かれ、突然、無職となった。**

ライプニッツの微積分学がまとまっていくのは、このころである。実のところ、彼がドイツで身につけた数学的教養はフランスやイギリスの水準にくらべてはるかに低いものだったが、数年のうちにその差を埋めたうえで、微積分によって数学界のトップに躍りでるのである。

当時、微積分に関する研究の蓄積はありつつも、それぞれ関連性がなくばらばらに研究されていた。ライプニッツはそうした個別の業績を１つにまとめ、体系化していった。その象徴ともいえるものが、いまも使われている**微積分の記号**である。ライプニッツの１６７５年10月29日のメモには、**「最大」のかわりに長い「S」の記号が登場し、同年11月11日のメモには「dx」の記号が登場する。**

一方のニュートンはどの時点で微積分の技法を編み出しているかというと、ライプニッツよりも早く、１６６６年末のことである。ニュートンはそれを**「流率」（fluxions）**とよんでいた。ニュートンの流率は、ライプニッツの微積分とはまったく別の理論ともいわれている。ライプニッツの微積分はシンプルで普遍的だが、ニュートンは本人にしかわからない難解な記号を用いていた。

１６７６年、ライプニッツはロンドンをふたたび訪れたあと、北ドイツのハノーファー公爵国の官吏として採用された。それから亡くなるまでの40年間、ここで3代の君主に仕えること

	ライプニッツの記法	ニュートンの記法
一階微分	$\frac{dy}{dx}$　$\frac{d}{dx}f(x)$　$\frac{d\,f(x)}{dx}$	$\dot{x}$　$\dot{y}$
		（文字の上に点を打つ）
二階微分	$\frac{d^2}{dx^2}f(x)$	$\ddot{x}$　$\ddot{y}$

ライプニッツが提唱した微積分の記号と、ニュートンの記法

になる。ちなみにこの年、ニュートンからライプニッツに宛てた2通の手紙があるが、両者にこじれた様子はない。

その後、ライプニッツは2つの論文を発表し、公式に微積分の誕生を告げる。微分法をまとめた1684年の論文**『分数量にも無理量にもさまたげられることのない極大・極小ならびに接線を求めるための新しい方法、およびそれらのための特異な計算法』**と、積分法をまとめた1686年の論文**『深い場所に秘められた幾何学、および不可分量と無限の解析について』**である。

一方、ニュートンは「流率」を公開することなく、一般には知られていなかった。

王立協会会長ニュートンの体系が欧州を席巻

1687年、ニュートンは『プリンキピア（自然哲学の数学的原理）』全3巻を刊行する。**「万有引力の法則」**を打ち立てた科学史上もっとも重要な論文の1つである。じつはニュートン

アイザック・ニュートン
（1642～1727年）

はこの論文の脚注で、「ライプニッツは自分とは独立に微積分計算に到達した」ということを示唆している。微積分をめぐる両者の対立は少なくともこの時点まではなかったことになる。

　ところが**１６９０年代に入ると、突如としてニュートン派からの攻撃がはじまった**。N＝F・ドゥ・ドゥイエ、J・ウォリス、D・グレゴリーというイギリス在住の３人の数学者がそれぞれ書簡や論文、著書というかたちで、**「微積分を最初に開発したのはニュートンである」「ライプニッツはニュートンの手紙から微積分を剽窃《ひょうせつ》した」**などと主張したのである。これにはライプニッツ派のドゥ＝ロピタルやJ・ベルヌイが反論したが、ライプニッツ本人はとくになんの反論もしなかった。そうこうしているあいだにニュートンが大きな権力を手に入れる。

　１７０３年、ニュートンはイギリス科学界のトップである王立協会会長に選出され、２年後にはナイトの称号を授与された。これにともない欧州全域にニュートン理論が席巻する。**ライプニッツはようやく反撃をはじめる**。１７０５年、『学報』に載せた匿名の書評のなかで、「自分が微積分の最初の発見者である」「ニュートンはライプニッツの解法を自分の言葉で置き換えただけ」という主張をした。しかし、これはニュートン派を怒らせる結果となった。

　１７０８年、ニュートン派のJ・ケイルは王立協会の紀要で、「ライプニッツはニュートンの解法を言葉と表記法を置き換えてつくった」という批判をした。これに対し**ライプニッツは1711年4月、なんとイギリスの王立協会に苦情を申し立てた。**王立協会はその苦情内容を調査するということで委員会を設置した。ただ、王立協会の会長はニュートンである。ライプニッツの主張の場は設けられなかった。ニュートンから委員会に提出された資料にはライプニッツ宛ての手紙があったが、実際にはライプニッツの手に渡らなかったものもあった。のちに書簡集として出版されると、そこにはライプニッツを「精神的泥棒」と非難する内容も含まれていた。

1712年、**委員会がまとめた報告書は、ニュートンの主張を完全に擁護し、ライプニッツを盗用で告発するものとなった。この報告書のすべてはニュートン自身が書いたものである。**

ニュートンは性格的に内気だが怒りっぽいところがあったといわれる。科学界の権力をにぎったことでその攻撃性を増幅させ、手段を選ばずライバルをねじふせようという恐るべき冷酷さを表出させていたのである。

こうして微積分の優先権争いはこじれにこじれて、決着がついたのは1948年のこと。数学史家のJ・E・ホフマンが著書のなかで、「ライプニッツはニュートンから何ら決定的なことは学んでいない」と結論づけた。

現在用いられている微積分の記号はライプニッツが考案したものだ。主流の数学史において微積分の項で解説されるのは、ライプニッツの計算法であり、ニュートンのものではないのである。

No.12

手洗い消毒法の創始者、
医学界から危険人物として追放される

センメルヴェイス・イグナーツ

1818～1865年。
ハンガリー人の医師。ウィーン大学で医学を学び、
ウィーン総合病院の産科医となる。産褥熱の原因を探り、
消毒法の先駆者といわれる。

センメルヴェイス・イグナーツは、産褥熱で死亡する女性たちを「手洗い」によって救えることを実証した医師である。彼は「母親たちの救世主」となった。それにもかかわらず医学界からは猛烈な批判にさらされた。なぜ彼の主張は受け入れられなかったのか？

—手洗い消毒法の創始者、医学界から危険人物として追放される

センメルヴェイス・イグナーツ

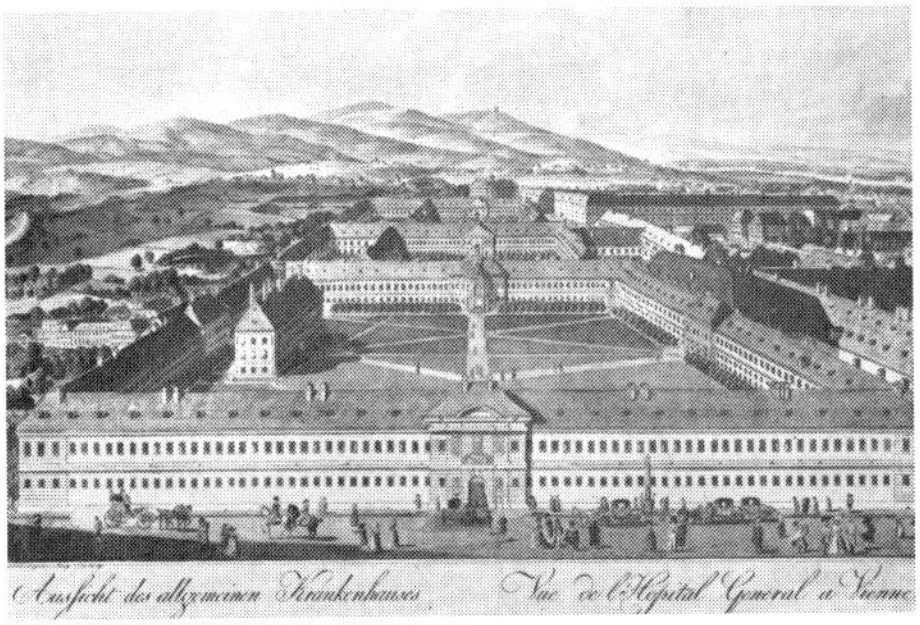

ウィーン総合病院（1784年頃）

産褥熱の原因は死体の微粒子

センメルヴェイスは1818年、ハンガリー王国のブダに生まれた。ウィーン大学で法学を専攻するが、医学に転じ、卒業後はウィーン総合病院の産科医となった。

彼が医学界に入った当時のヨーロッパでは、**「産褥熱《さんじょくねつ》」**という恐ろしい病があった。**出産後の女性が高熱を出して死にいたる原因不明の病気だった**。現在では女性生殖器系における細菌の増殖が原因とわかっているが、当時はまだ細菌が病気の原因になるとは考えられていなかった。出産後に命を落としていく多くの女性たちの姿をみて心を痛めたセンメルヴェイスは、産褥熱の原因を探る。

ウィーン総合病院には2つの産婦人科があった。第一産婦人科は男性の医師や医学生が担当していて、隣に新たに建設された第二産婦人科では女性の助産師が担当していた。産褥熱による死亡率は第一産婦人科が10%以上であるのに対し、第二産婦人科は3%程度だった。

この2つの違いに着目したセンメルヴェイスは、さまざま

な仮説をたてて検証した。お産のときの体勢の違い、男性医師に診察される恥ずかしさ、病棟の患者の過密状態、気候などあらゆる可能性を1つひとつ丁寧に検証していった。

そんなとき、センメルヴェイスの同僚の医師が手術中にメスで切り傷をおい、合併症をおこして亡くなってしまった。そのときの様子が産褥熱で亡くなる女性たちの症状によく似ていた。センメルヴェイスは、**産褥熱の原因物質が彼の切り傷に付着したのではないかと考えた**。

病院では、午前中に医師が医学生の解剖実習を指導し、午後になると医師と医学生は産科病棟に入って患者の診察や分娩《ぶんべん》に対応する。解剖実習のときに医師や医学生の手に**「死体の微粒子」**が付着し、その手で分娩を行ったり診察を行うことで患者に微粒子がうつり、産褥熱を引き起こしているのではないか。センメルヴェイスはこのような仮説をたてた。**医師や医学生は手を洗っていなかったからだ**。

では、その「死体の微粒子」はどうやって見分けるのか？　センメルヴェイスはそれを「化《か》膿《のう》性の物質」「腐敗性動物性有機物」などとよんだが、腐敗臭こそ「死体の微粒子」そのものだと考えた。そこで腐敗臭を取り除く方法を研究し、塩素水消毒とブラシ洗浄を組み合わせた方法を編み出す。

1847年、医師や医学生に手術室に入る前や診察の合間に必ずこの方法で手を洗うことを徹底させた。すると、産褥熱による死者数は劇的に減少した。死亡率は従来の1割程度にまで下げることができた。センメルヴェイスは、手洗いによって産褥熱は防ぐことができると確信した。

センメルヴェイスと同じような結論は、じつは1795年にスコットランドの医師アレキサンダー・ゴードンがすでに論文にまとめている。ただ、さまざまな方向から問題の原因を探り、解決法を導きだしたのは、センメルヴェイスがはじめてだった。

紳士である医師は手を洗う必要はない

1850年、センメルヴェイスはウィーン医学会で講演し、産褥熱は手洗いによって防げることを医師たちに力説した。

ところが彼の主張はほとんど受け入れられることなく、むしろ嘲笑の対象となった。当時のヨーロッパの医師は「紳士」であり、「紳士は清潔」であるという大前提があったのだ。医師は清潔だから手を洗う必要はない。センメルヴェイスの主張では「医師の手が患者を殺している」ということになるが、そのような論理は絶対に認められなかった。

ちなみに、当時の医師が着ていたものは白衣ではない。黒いコートの「黒衣」だ。黒衣ならばいくら汚れがついていてもわからない。血や薬品で汚れた手をその裾でぬぐうのは当たり前だった。

ウィーン総合病院においては、手洗いによって女性たちの死亡率を下げたセンメルヴェイスは「母親たちの救世主」などと称賛された。ところが、病院のなかでも手洗いを義務づけるセンメルヴェイスを疎ましく思う医師は少なくなかった。

徐々に孤立を深めたセンメルヴェイスは、その年のうちに病院から追放されることになる。それによって病院での手洗い義務はなくなり、産褥熱による妊産婦の死亡率がふたたび高まった。

1750年頃のオランダの絵画。解剖を担当する人物は黒い服を着ている

センメルヴェイスは失意のうちに帰郷し、ブダペストにある聖ロック病院の産科に無給で勤めることにした。すると、そこでも産褥熱を防ごうと手洗いの予防法を紹介し、成果をあげていった。

1855年、ブダペスト大学の産科教授となる。彼は病院内で産褥熱対策をさらに拡大し、手洗いだけではなく、手術で使うさまざまな器具の洗浄や病室のリネンの交換なども行うことにした。すると、産褥熱で死亡する女性はゼロにまで抑えることに成功した。

一方で**センメルヴェイスは、手洗い反対派に対し「人殺し」などとよんで激しく批判するようになった**。あまりに彼の言動が過激化していったため、大学教授の職を奪われてしまう。その後もセンメルヴェイスは、手洗いの重要性を広めようと数々の病院をまわるが、医学界から危険人物のレッテルをはられて追放されてしまう。

1858年と1860年に手洗いについての論文をまとめ、『産褥熱の原因と概念およびその予防法』という本も1861年に出版した。彼はあらゆる手を使って盛んに手洗いの重要性を訴えるが、医学界からは反発をうけるだけだった。

センメルヴェイスは、ついに力尽きる。うつ病に陥り、精神錯乱となり、精神病院に放り込まれた。高熱と衰弱が襲う。衛兵による暴行をうけ、手の傷口から感染し、敗血病を発症したともいわれる。1865年、47歳の若さで亡くなった。

センメルヴェイスの主張はまったく正しいものだったのだが、生前、その主張が受け入れられることはなかった。それから10年ほどがたったとき、センメルヴェイスは突如として「消毒法の真の創始者」として再評価されるようになる。きっかけは、消毒によって敗血病による死亡率を激減させたイギリスの外科医のジョセフ・リスターが、センメルヴェイスの論文を偶然に目にしたことだった。**リスターは、センメルヴェイスの手洗いの予防法こそ「消毒法」の原点だと言って功績をたたえたのである**。また、「細菌学の父」とよばれるルイ・パスツールは「センメルヴェイスが取り除こうとしていたものは連鎖球菌という殺し屋だった」と説明し、その主張の正しさを認めている。

今日、細菌やウイルスなどの病原菌の感染を防ぐもっとも効果的な方法の1つが「手洗い」であることはだれもが理解している。

No.13

共同研究者ベーリングだけがノーベル賞受賞

北里《きたざと》 柴三郎《しばさぶろう》

1853～1931年。
熊本県出身の医学者・細菌学者。ドイツのコッホのもとで細菌学を研究。破傷風菌の純粋培養に成功し、血清療法を確立。帰国後、ペスト菌発見。北里研究所を創立。

ノーベル賞をはじめて受賞した日本人は、1949年に物理学賞を受賞した湯川秀樹である。創設から半世紀にわたり、日本人にとってノーベル賞は縁遠い存在だった。しかし、第1回ノーベル賞の候補となっていた日本人がいた。それが北里柴三郎である。しかも北里は、第1回ノーベル賞受賞者の共同研究者だった。同じ研究をしながら、北里はなぜ受賞を逃さなければならなかったのか？

世界ではじめて「抗体」発見

1853年、北里柴三郎は、肥後国北里村（現・熊本県阿蘇郡小国町《おぐにまち》）の庄屋《しょうや》の家に生まれた。源氏の流れをくむ名門武士の家系だったため、武士となるのが当然のはずだったが、1868年の明治維新によって武士の時代は突然終わりをつげる。

父のすすめで医者をめざすことになった北里は、熊本医学校（現・熊本大学医学部）をへて東京医学校（現・東京大学医学部）に進学。卒業後は、国費留学の推薦をうけることをねらい、内務省の衛生局に就職。目論見通り、1886年、国費でドイツ留学を果たした。

北里が向かった先は、細菌学者ロベルト・コッホのいるベルリン大学衛生研究所だ。コッホは、**コレラの病原体である「コレラ菌」を発見**したことで、世界的に名を馳《は》せていた。

ロベルト・コッホ
（1843～1910年）

北里はコッホのもとで研究に励み、つぎつぎと成果をあげる。3年の予定だった留学期間はあっというまにすぎ、コッホの日本への働きかけもあって、2年の延長が認められた。その与えられた2年間で北里はとてつもない成果をあげることになる。

北里が取り組んでいたのは、**破傷風菌《はしょうふうきん》の純粋培養（菌の人**

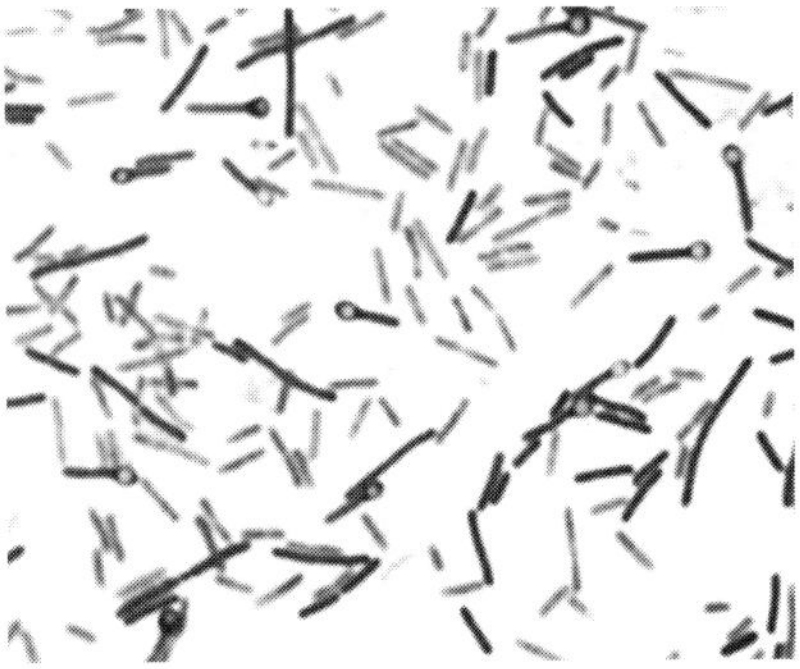

破傷風菌のグラム染色所見
（出典：国立感染症研究所ホームページ
https://www.niid.go.jp/niid/ja/
kansennohanashi/466-tetanis-info.html）

工的な増殖）だった。結核やコレラ、ジフテリアなどの病原菌はいずれも純粋培養に成功していたが、破傷風菌はだれも成功していなかった。破傷風菌はそれほど特殊な細菌だったが、北里は「破傷風菌は熱に強いが、酸素に弱い」ということに気づき、この特徴をいかせば破傷風菌だけを取り出すことができるかもしれないと考えた。

まず、破傷風菌にまとわりついているほかの菌を高熱にさらして殺す。それから水素を送り込んで酸素をぬきとったガラス容器に破傷風菌をうつす。

この**「破傷風菌純粋培養法」によって、世界ではじめて破傷風菌の純粋培養に成功した**。さらに北里は、破傷風の治療法の開発に向かった。

「破傷風をひきおこすのは、破傷風菌が生み出す毒素のせいではないか。もしそうなら、その毒素の正体がわかれば、治療法がみえてくるはずだ」

そう考えた北里は、まず「破傷風菌」と「菌がだしている毒素」を分離。そして、この毒素をやっつける物質を探った。すると北里は、あることに気づいた。少量の破傷風の毒素をあたえられたマウスが、その後、致死量の毒素をあたえても死ななかったのだ。

「これはたんに、からだが毒素になれたためではない。**血液のなかに、毒素に抵抗するなにか新しい物質ができているのではないか**」

毒素をあたえても死ななかったマウスの血清《けっせい》（血液が固まったときにできる「上ずみ」にあたる液体）を調べた。血清には、見慣れない新しい物質ができていた。その物質が毒素をやっつけていると考えた。この物質こそ、毒素をやっつける**「抗体」**だった。北里は、世界ではじめて抗体を発見したのである。抗体の発見により、破傷風の治療法の確立はもう目前まで迫っていた。

ベーリングが復活受賞

北里が破傷風の治療法を研究しているころ、その研究に興味を示す人物がいた。同じくコッホのもとで研究していたドイツの細菌学者**エミール・フォン・ベーリング**である。

ベーリングは北里より1歳下の後輩で、**ジフテリア**を研究していた。ジフテリアは、致死率が40％と高い小児病で、この時代の多くの子どもたちが犠牲になっていた。ベーリングは、ジフテリアはジフテリア菌が生み出す毒素によって引き起こされると突き止めているところだった。破傷風と発症のしくみは同じだったのだ。ベーリングは、北里が明らかにしつつあっ

エミール・フォン・ベーリング
（1854～1917年）

た血清中にできる抗体を利用すれば、ジフテリアの治療法が開発できるかもしれないと考えていた。

　感染症の種類は違うが、めざしている治療法のしくみは同じ。**北里とベーリングは、血清中の抗体を使った治療法の開発をいっしょに行うことになった。**破傷風菌やジフテリア菌の細菌を少しずつ動物に注射していき、血清に抗体をつくり、その抗体で毒素をやっつけて治療する。それだけではなく、健康な動物に抗体をつくっておくことで、予防法にもなるということもみえてきた。

　まもなくふたりは**「血清療法《けっせいりょうほう》」**という画期的な治療法の開発に成功する。1890年、ふたりの共同研究として「ジフテリアと破傷風の動物実験による免疫性の成立」という論文を発表。伝染病に対する治療法がまったくない時代に、ひとつの解決策を示したことで、世界的なニュースとなった。

　1901年、第1回ノーベル生理学・医学賞が発表された。**ジフテリアの研究成果により、ベーリングただひとりが受賞した。**なぜか共同研究者である北里は受賞を逃した。

　もちろんベーリングの小児病ジフテリアに対する血清療法はインパクトがあったが、しかしその研究は北里の「破傷風の血清療法」の実現が前提となっており、北里の研究のほうが医学史的な意義は大きい。なぜ北里は選考から漏れてしまったのか？

ノーベル賞の選考過程は50年間非公開である。あとでわかったことは、第1回ノーベル生理学・医学賞には北里も候補として入っていたことだ。候補者46名には、コッホやベーリングと並んで北里の名前もあった。15名に絞り込んだ段階でも北里の名前は残っていたが、ベーリングは外れていた。選考委員会はこの15名から選んだ2人（マラリア研究のロナルド・ロスと、狼瘡《ろうそう》の光線療法を開発したニールス・フィンセン）をカロリンスカ研究所の教授会に推薦した。しかし、**教授会はそれまでのプロセスを無視してベーリングを復活させ、第1回ノーベル生理学・医学賞に選出してしまった**。

この選考には、かなり恣意的なものを感じさせる。ドイツ医学界の強い発言権が影響したともいわれる。当時は「共同受賞」という制度がなかったことも選考を難しくした面があっただろう。ちなみにベーリングは、北里との共同研究の発表からわずか1週間後に単独で「ジフテリアの血清療法」という論文を発表している。そして１８９２年にはジフテリア抗毒素を販売。１８９４年にハレ大学に転じ、１８９５年にマールブルク大学教授となった。師コッホとの関係はこじれたらしい。

一方の北里は、終生、コッホとの絆をなによりも大事にしていた。晩年のコッホを夫人とともに日本に招き、日本各地を自ら案内し、旧交を深めている。

No.14

神父の発見は「ハッブルの法則」にかき消された

ジョルジュ・ルメートル

1894 ～ 1966 年。
ベルギー出身の神父で宇宙物理学者。ケンブリッジ大学などで研究し、膨張宇宙モデルを提唱。ビッグバン宇宙論の開祖ともいわれる。

宇宙は膨張している――。このことを最初に唱えたのは、アメリカの天文学者エドウィン・ハッブルとされる。宇宙膨張に関する法則は、いまも「ハッブルの法則」とよばれる。

ところが、ハッブルよりも前にまったく同じ法則を唱えた人物がいた。ジョルジュ・ルメートルである。彼は膨張宇宙論やビッグバン宇宙論など革新的な理論をだれよりも早く打ち立てながらも、ほぼ無名の存在に押しとどめられている。

膨張する宇宙の法則を明らかにする

1894年、ルメートルはベルギーのシャルルロアに生まれた。幼いころから数学の才能に恵まれていたが、それ以上に神学への興味が強く、神父になるため神学学校へ進んだ。ルーヴェン・カトリック大学で博士号を取得後、聖ロンボー院に神学生として入学。しかし、当時の最新物理学理論であるアインシュタインの一般相対性理論に強烈に惹かれていく。そこで一般相対性理論をもっとも理解しているといわれる天文学者アーサー・スタンレー・エディントンに学ぶため、奨学金を勝ち取り、1923年、イギリスのケンブリッジ大学に向かった。

エディントンは、1919年にアインシュタインの一般相対性理論を証明した人物である。ルメートルにとってこれ以上最適な教師はいなかった。エディントンから最新の相対性理論と天文学を徹底的に学び、宇宙物理学に関する自分自身の理論をつくりあげていった。

アーサー・スタンレー・エディントン（1882～1944年）

このころのルメートルの頭の片隅には、**「一般相対性理論に観測データをあてはめると、宇宙は動的で不安定なものになる」**というアイデアが渦巻いていた。ただ、「動的な宇宙」というアイデアは、一般相対性理論を提唱したアインシュタイン自身が強く否定していたものだった（P172参照）。

1924年の夏、ルメートルはエディントンのすすめでアメリカのハーバード大学天文台に向かった。天文台で迎えてくれたのは、天文台長のハーロー・シャプレーだった。

ルメートルはシャプレーのもとで、「セファイド変光星」（ある周期にあわせて明るさの変わる星）を基準にして星までの距離を測る方法を身につけるほか、**分光法**《ぶんこうほう》についても学んだ。分光法とは、分光器という装置を用いて、天体からの光を波長ごとに分けて、スペクトル（分けられた光の像）を集める観測のことだ。**恒星や星雲のスペクトルが赤色に近くなるほどその天体は太陽から遠ざかっていて、反対に青色に近くなるほど太陽に近づいている**ことがわかる。

ルメートルは、この分光法を使ってさまざまな星雲のスペクトルを測定した。すると、驚くべきことがわかった。測定したほとんどの星雲のスペクトルが赤色になっていたのだ。つまり、**ほとんどの星雲は太陽から遠ざかっている**ということである。しかも、ありえない速度で宇宙の彼方へ遠ざかっていた。

「宇宙は膨張しているということだろうか？」

じつは、ロシアのフリードマンが1922年の論文で、一般相対性理論を使って数学的に計算し、「宇宙は膨張したり収縮したりするのではないか」と唱えていたが、ルメートルはこのときフリードマンの膨張宇宙モデルを知らなかったとみられている。

同じころ、ハッブルがロサンゼルス郊外のウィルソン山天文台で、当時の世界最大口径2・5メートルの反射望遠鏡を使って星雲の観測を行っていた。

そして1924年、ハッブルはこんな発表をする。

「アンドロメダ星雲までの距離は約90万光年である。銀河系の大きさは直径約10万光年なので、**アンドロメダ星雲は銀河系の外にある**」

これは衝撃的な発表だった。なぜなら、それまで銀河系が宇宙のすべてと考えられていたからだ。ハッブルが、アンドロメダ星雲が銀河系の外にあることを明らかにしたことで、銀河系外には多くの星雲が存在すると考えられるようになった。このことはルメートルの研究を大いに刺激した。

「銀河系外の星雲のスペクトルを測定してみよう。もしも赤色にうつったら、星雲が遠ざかっているということだ。つまり、宇宙全体の空間が膨張しているということだ」

ルメートルの行動は早かった。1925年、ウィルソン天文台のハッブルを訪ね、彼の星雲のデータを提供してもらったのだ。それからベルギーに戻ってルーヴェン・カトリック大学の物理学教授となったルメートルは、論文の執筆にあたった。

「宇宙の大きさは一定ではなく、時間とともに変化する」

彼はこの考えを証明するために、ハッブルから手に入れた星雲に関する天文学的観測データと一般相対性理論を一致させる作業をした。それはまだだれもやっていないことだった。

1927年、ルメートルは苦心のすえ、膨張する宇宙モデルについての論文をまとめた。そこで、次のような法則をしめした。


――星雲は、太陽系からの距離に比例する速度で膨張する。

恩師は論文の価値に気づかなかった

ルメートルは、論文の内容には自信があったが、これを発表することにはためらいもあった。「宇宙が膨張しているなんて誰も信じてくれない」と思ったのだ。フランス語で書かれた論文はベルギーの無名な科学雑誌に投稿し、幸か不幸か、論文はだれにも気づかれぬままとなった。

かつての恩師エディントンには論文のコピーを送ったが、なぜかなんの返事もなかった。


そして1929年、星雲の観測データをまとめたハッブルの論文が発表された。

――すべての銀河が太陽系から遠ざかり、その後退速度は銀河までの距離に比例する。

ルメートルとまったく同じ結論が導き出されていた。ルメートルがすでに提唱していた法則にもかかわらず、この法則は「ハッブルの法則」と呼ばれるようになった。

ルメートルが宇宙膨張論を唱えた論文は、まるでなかったことのように闇にかき消されようとしていた。神父ルメートルの論文発表のやり方は大人しすぎたのだ。

翌年、ルメートルは、王立協会の会合でエディントンが「ハッブルの法則」について発言している議事録をみる。居ても立ってもいられなくなり、師に連絡をとった。

「先生、この問題は自分がすでに解決していますよ。先生に論文を送ったはずです」

１９２７年に発表した自分の論文のコピーをあらためて送った。エディントンは論文を見て自分のミスに気づき、あわてて『ネイチャー』誌に次のような投稿を送った。

——3年前にすでにルメートルがすぐれた成果をあげていた。

そしてルメートルの論文を英訳して、王立天文学協会の会報にあらためて掲載した。これによりルメートルは、ハッブルよりも以前に膨張する宇宙モデルをつくりあげていたことが認められるようになったのである。が、時すでに遅し。**天文学の教科書では、なにごともなかったかのように、「ハッブルの法則」は「ハッブルの法則」とよばれつづけたのである**。

エドウィン・ハッブル
（1889～1953年）

ルメートルの名誉回復が図られたのは、２０１８年のことである。国際天文学連合は総会において「宇宙の膨張を表す法則は今後『ハッブル-ルメートルの法則』と呼ぶことを推奨する」と決議している。

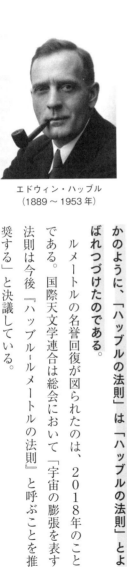

No.15

暗号解読の功績は封印され、化学的去勢の屈辱をうける

アラン・チューリング

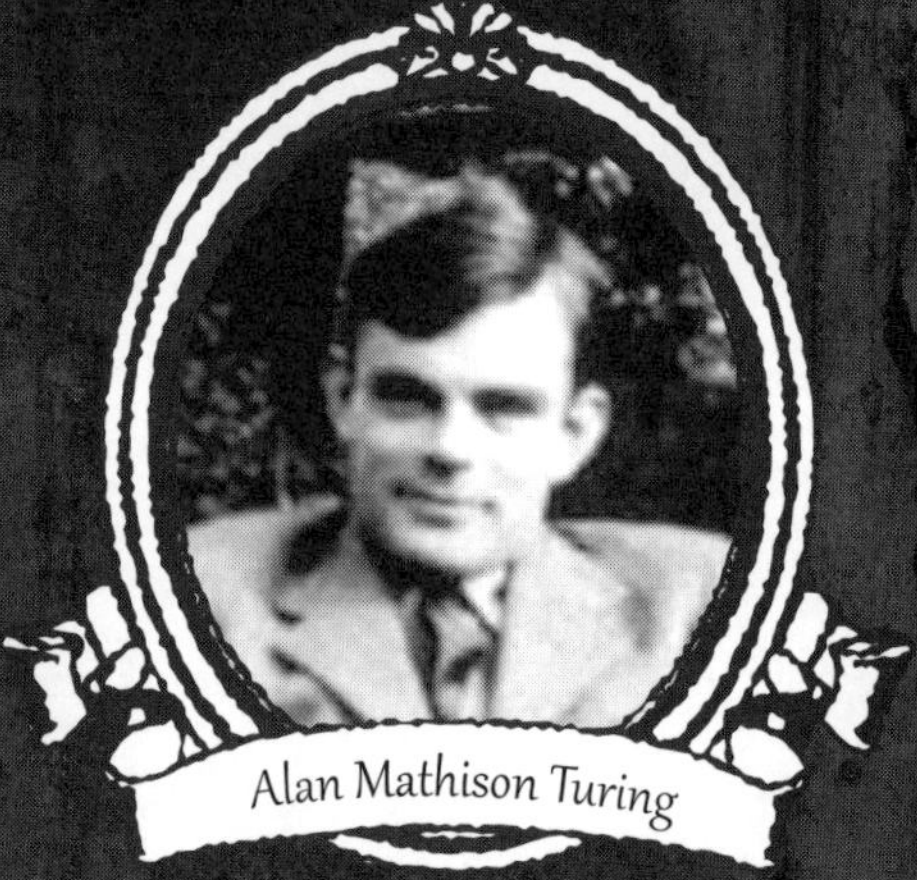

1912～1954年。
イギリスの数学者、コンピュータ科学の父。ケンブリッジ大学のキングス・カレッジに学ぶ。「チューリングマシン」の概念を発表。大戦中、ドイツの暗号解読に成功する。

ナチス・ドイツの暗号を解読し、戦争の終結を数年早めることに貢献したといわれるアラン・チューリング。生前、その功績は機密にされ、人々に知らされることはなかった。そしてチューリングを待っていたのは、称賛どころか、あまりにも理不尽な仕打ちだった。

—暗号解読の功績は封印され、化学的去勢の屈辱をうける
アラン・チューリング

現代のコンピュータの概念を発明

1912年、チューリングはイギリス・ロンドンに生まれた。14歳のときに伝統的なパブリックスクールに進み、早くも科学や数学の才能をしめしはじめる。ケンブリッジ大学のキングス・カレッジでは数学を学び、卒業後すぐにフェロー（特別研究員）に選ばれた。

1936年、チューリングは『計算可能な数について、決定問題への応用とともに』という研究論文をまとめてロンドン数学会の論文誌に発表した。

この論文は、ドイツの数学者ダフィット・ヒルベルトが投げかけた**「数学理論には矛盾は一切なく、どんな問題でも真偽の判定が可能である」**という命題に対する答えとなっていた。すでにドイツの数学者クルト・ゲーデルが1931年、「数学理論は不完全であり、決して完全にはなりえない」という1つの答えをだしていたが（「不完全性定理」、P247参照）、チューリングは**「万能マシン」**という仮想の機械を考えてこの命題に挑んだのだ。

「万能マシン」とは、今日のコンピュータの基本原理となるもので、プログラム機能を内蔵した機械である。たんなる計算機ではなく複雑な問題解決やデータ処理ができるので「万能マシン」であり、これが**「チューリングマシン」**とよばれるようになる。

ヒルベルトの数学の命題をチューリングマシンで検証してみると、**「イエスとノーで答える**

ブレッチリー・パーク

ことのできる問題を解くことはできるが、すべては解くことはできない」ことがわかった。ゲーデルの不完全性定理とは別の方法で、同じような結論にたどりついたのである。

１９３６年からはプリンストン大学で研究し、博士号を取得。１９３８年夏にケンブリッジにもどった。ドイツとの戦争がはじまるのは翌年9月のことである。数学の才能が知れ渡っていたチューリングは、暗号解読を任務とするイギリスの秘密研究所、ブレッチリー・パークに招聘《しょうへい》された。

ドイツ軍の暗号機は、**エニグマ**である。タイプライター型で持ち運びができるエニグマは、ベルリンの司令部から潜水艦、塹壕《ざんごう》にまで設置され、たがいに交信していた。とくにドイツ海軍の潜水艦であるUボートは、エニグマによってネットワーク（「ドルフィン」とよばれた）をきずき、北大西洋上で物資を運ぶ商船を組織的に攻撃していた。開戦から１９４０年12月までのあいだに５８５隻の商船が沈められたという。イギリスとしては**エニグマの暗号文を解読し、潜水艦の位置をつかみ、攻撃を回避する必要があった。**

じつはチューリングは、すでにエニグマを解読するためのアイデアをもっていた。エニグマは日ごとに設定を変えるが、その設定を瞬時に見出すことができれば暗号は解読できると考えていた。チューリングはわずか数週間でその設定を見出す機械**「ボンベ（bombe）」**を開発し、１９４０年春に設置。これにより**ドイツの暗号は発信されてから1、2時間以内、早いときで15分以内で解読できるようになった。**こうして解読した暗号からＵボートの位置をつかみ、回避行動がとれるようになったのである。のちに連合軍はノルマンディー上陸作戦を敢行するが、これは北大西洋のＵボート覇権を弱めることができたから実現できた作戦である。

ドイツにはエニグマよりも技術的に進化した「タニー」とよばれる暗号機もあったが、チューリングはこれも**「デルタ＝イング」**とよばれるアルゴリズムを使って解読に成功する。解読

ドイツのＵボートのひとつ、哨戒中のU-25（1936年）

された通信文からドイツ軍の戦略情報の詳細が明らかになり、戦争の行末を変えるほどの貢献をはたした。

暗号解読をすすめるブレッチリー・パークには、やがて**世界初の電子方式の大型計算機コロッサス**が設置され、暗号解読をサポートした。これはトーマス・フラワーズという技術者がデザインしたものだ。ただしコロッサスは「チューリングマシン」のようなプログラム内蔵方式ではなかった。フラワーズは１９３６年の「チューリングマシン」の論文を読んだが、理解できなかったのだろう。逆にチューリングは、フラワーズのコロッサスを見て、**プログラム内蔵方式の万能マシンを作るべきときがきたと考えていた**。

謎の多すぎる青酸カリ自殺

戦争が終わり、チューリングはロンドン西部テディントンにある国立物理学研究所のポストにつき、それからマンチェスター大学の数学科に所属した。チューリングは軍役に対してＯＢＥ（大英帝国勲章第４位）を受けていたが、その功績は機密扱いとされ、周囲には知らされていなかった。

このころ彼は、自動計算機械（ＡＣＥ）とよばれるプログラム内蔵方式の巨大な電子計算機をデザインする。これがもとになり、やがて世界初のプログラム内蔵式コンピュータ「マンチェスター・マークⅠ」が誕生することになる。

一方、彼は人工知能（ＡＩ）についても考えていた。**「機械は思考できるか」**を追求し、機械の知性の有無を明らかにする「チューリングテスト」を開発した。機械が実際の人間と区別がつかないようにふるまうかどうかを判定基準とするものだが、いまのところこのテストをパスしたコンピュータは存在しない。

このようにコンピュータやＡＩの分野の先駆者となったチューリングだが、人間的にはかなりの変わり者だったようである。ブレッチリー・パーク時代には、自分のコーヒーカップが盗まれないように暖房機に鎖でつないだり、自転車で通勤するときにガスマスクをかぶったりしていた。ガスマスクは花粉症予防のためだった。

１９５１年、チューリングは王立協会のフェローに選ばれる。ところがその翌年、彼は裁判にかけられることになる。たまたま知り合ったゲイの少年と性的関係をもったためだ。当時のイギリスでは男性と猥褻《わいせつ》な行為をすることを禁ずる１８８５年の古い法律が有効だったのである。

チューリングは、収監か化学的去勢の選択をせまられる。収監されれば仕事ができなくなるので化学的去勢を選んだ。１年間の保護観察のあいだ女性ホルモンを連続的に大量に投与されることになる。国家のために尽くしながら、その国家から恐ろしく非人道的で屈辱的な仕打ちをうけるはめになったのである。

そして1954年、チューリングは自殺する。41歳だった。ベッド脇に食べかけのリンゴが転がっていたことから、青酸カリを含んだリンゴをかじって自殺したと報じられた。ただ、寝る前にリンゴをかじることは彼の習慣であり、またリンゴに青酸カリが含まれているかどうかは検査されなかった。検死報告書には「心のバランスを失っている間に服毒自殺をはかった」と記された。

果たして本当に自殺だったのだろうか？　実際のところ自殺を裏づける証拠はなにもでていない。動機としてみられる「化学的去勢」は死の1年以上前にすでに終わっている。親友や母の証言では、当時の彼は「非常に人生を楽しんでいた」といい、自殺する様子はなかったという。

事故死の可能性がある。警察は隣の実験室で大量の青酸化合物をみつけている。実験室で作業をしていて、偶然発生した青酸ガスを長時間にわたり吸い込んで中毒死したのではないか。

もう1つの可能性として、暗殺説がある。チューリングがデザインしたマンチェスターのシステムは、核兵器の計算用にも使われていた。開発に携わっていたチューリングは、知ってはいけないことを知りすぎて命を狙われたのではないか。あるいは、暗号解読の天才である彼は東側から誘拐される恐れがあったため、西側の諜報機関が前もって消した可能性もある。

チューリングの本来の功績が認められ名誉回復がはかられたのは、その死から半世紀以上がたった2009年のことである。イギリス政府は、チューリングに施した化学的去勢という治療は公正なものではなく、非人道的であったと認めて謝罪した。

No.16

ブラックホール説は王立協会に封印された

スブラマニアン・チャンドラセカール

1910～1995年。
インド出身の天体物理学者。シカゴ大学教授。
白色矮星《はくしょくわいせい》における限界質量（チャンドラセカール限界質量）を提唱した。1983年、ノーベル物理学賞受賞。

ブラックホールの存在をはじめて予言したのは、インド出身の天文学者、スプラマニアン・チャンドラセカールである。しかし、歴史あるイギリス科学界において、その革新的理論への支持を集めるには大きな壁があった。

インド人差別が研究の障壁に

インドのラホール（現・パキスタン）に生まれたチャンドラセカール（以下、チャンドラ）は、少年時代から神童ともてはやされ、数学と物理でその才能をいかんなく発揮していた。19歳のときにあこがれのイギリス、ケンブリッジ大学に進むための奨学金を獲得し、ヨーロッパ行きの船ロイド・トリエスティーノ号に乗り込んだ。１９３０年のことだ。

彼はこの船上において大発見を手にする。

シリウスＡと白色矮星のシリウスＢ（左下の小さな点）（©NASA, ESA, H. Bond (STScI), and M. Barstow (University of Leicester)）

時間をもてあましたチャンドラは、**白色《はくしょく》矮星《わいせい》**（高温・高密度で白色の光を放つ小さな恒星）が最終的にどうなるのかを明らかにする計算をはじめた。計算式はすでにあったが、当時の天文学者たちは「白色矮星は死を迎えた恒星が最終的に活動を終えた状態」と考えていたので、それを白色矮星にあてはめて計算しようと考える者はいなかった。

チャンドラはためしに白色矮星の**シリウスB**

で計算してみると、中心部の密度は１立方センチメートルあたり１００万グラムという、とんでもない高密度になった。中心部が高密度で質量が大きいのなら、そこにある電子の速度はものすごく高速になる。アインシュタインの特殊相対性理論を用いて計算してみると、その電子の速度は光速の２分の１を超えた。**仮に電子の速度が光速にほぼ近いと仮定すると、白色矮星の質量には限界があるとわかった**。その限界質量は太陽の質量と同じくらいだった。

では、限界質量よりも大きな質量で最期をむかえた恒星はどうなるのか？　収縮に歯止めをかけるものはなにもないから、どこまでも収縮をつづけ、自身の重力に押しつぶされる。**密度は無限大なのに体積がゼロのきわめて小さな点、特異点になってしまうかもしれない**。

このときチャンドラは、**はじめて「ブラックホール」の存在を予想した**のである。

船上での思わぬ発見を手にしたチャンドラは、長旅をへて、イギリスのケンブリッジ大学に到着。もちろんその到着を待ち侘びていた者などいなかった。インドでは天才ともてはやされた彼も、ここではただの無名の学生にすぎなかった。

チャンドラは、すぐに２つの論文を書き上げた。そのうちの１つが、イギリスへ向かう船上で発見したばかりの**「白色矮星の限界質量」**についてのものだった。

じつは、同じケンブリッジ大学の天文学者アーサー・スタンレー・エディントン（Ｐ１０３参照）も、この問題をあつかっていた。彼は１９２６年の著書『恒星の内部構造』のなかで、「白

—ブラックホール説は王立協会に封印された

スブラマニアン・チャンドラセカール

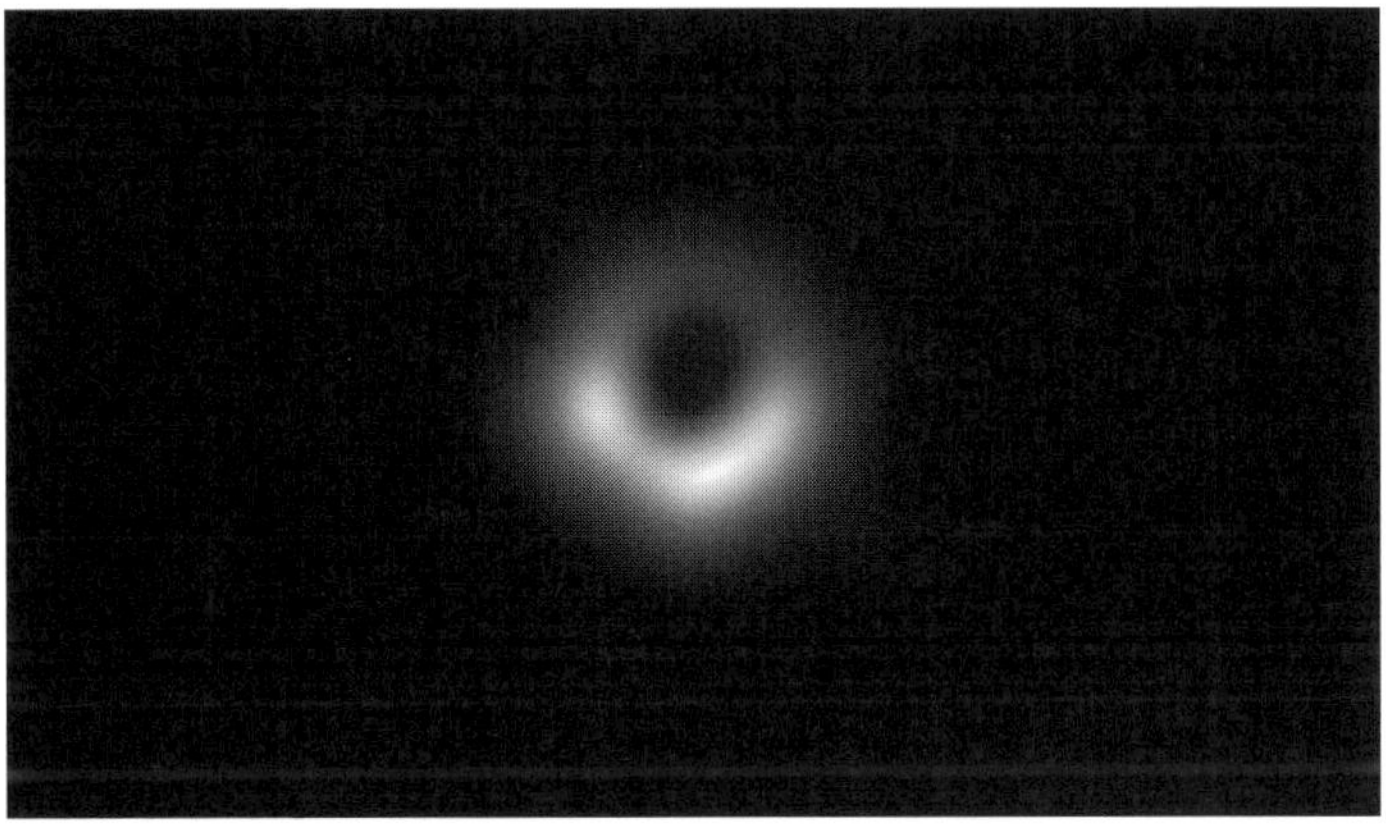

2019 年、史上初の撮影に成功したブラックホール。
EHT（イベントホライズンテレスコープ）が観測した M87 銀河の中心にあるブラックホールシャドウの画像。ブラックホールの強い重力場に影響を受けて渦巻いている熱いガスが明るく輝いている (画像引用：EHT Collaboration)

色矮星は、冷たい岩の塊になって終わる最期はありえない。白色矮星は無限大の密度をもつ点にまでつぶれ、宇宙のなかに開いたくぼみのようなもののなかに消えてしまう。しかし、これは受け入れられない結論だ。この奇妙な問題は無視したほうがいい」と述べていた。**エディントンはチャンドラと同じ予測をしながら、あまりに突飛な結論のため、それ以上考えることを放棄していた**のである。

チャンドラの論文は、指導教官ラルフ・ファウラーにも相手にされなかった。翌年にアメリカの『アストロフィジカル・ジャーナル』誌に掲載されたが、ほとんど注目されなかった。期待していたエディントンからの反応もなかった。

チャンドラはすっかり自信を失ってしまっ

指導教官ラルフ・ファウラー
（1889 ～ 1944 年）

アーサー・ミルン
（1896 ～ 1950 年）

た。彼がこれほど完璧に無視された背景には、当時、イギリスの人々のあいだに根づいていたインド人への差別感情があったと考えられる。教官たちは、事実上の植民地であるインドから来た若者を見下していたのである。

ただ、**「白色矮星の限界質量」についての議論は少しずつ話題にのぼるようになった**。物理学者アーサー・ミルン教授などは、チャンドラの研究をいっしょに手伝うようになった。

チャンドラは、エディントンの「恒星の内部構造」に関する講義に出席し、議論しようと試みた。しかし、エディントンに質問をしても答えてくれなかった。その代わりエディントンの研究室に呼び出されたので行ってみると、計算を手伝うように頼まれた。チャンドラは自分の研究が忙しかったので断った。

ささいな出来事だったが、チャンドラはこのとき重大な過ちを犯していた。**学生が高名な科学者の依頼を断ることは危険なことだったのだ**。しかもエディントンは、イギリス科学界の頂点に君臨する重鎮。チャンドラは、いちばん気をつけなければいけない人物に対し、決定的に悪い印象をあたえてしまったのである。

衆目の前で侮辱される

1933年、チャンドラは博士号を取得し、オックスフォード大学トリニティ・カレッジのフェローに選ばれた。インド人のフェローは2人目という快挙だった。

自信を取り戻したチャンドラは、長らくあたためていたアイデアを実行にうつした。「白色矮星の限界質量」についてきちんとした計算結果によって証明しようとしたのである。

その噂はエディントンの耳にも届いたようで、彼は週に2、3回、チャンドラの研究室を訪ね、進捗状況を気にするようになった。計算を楽にするよう、最速の機械式計算機まで手配してくれた。チャンドラはエディントンが応援してくれていると思った。

アーサー・スタンレー・エディントン（1882～1944年）

1935年1月11日——。王立天文学協会の会合が開かれた。24歳のチャンドラは、ここで研究成果を発表した。白色矮星が限界質量に達すると恒星は収縮して無になる。ブラックホールの存在が予測されることを、きちんとした計算結果によって証明してみせた。

会場は拍手に包まれた。ところが、次に登壇したエディントンが言い放った。

「チャンドラの理論はまったく馬鹿げています」

「白色矮星の質量に限界のようなものはないのです。白色矮星は消失して無に帰すことなどなく、冷たい岩の塊となって安らかな最期を迎えるのです」

チャンドラの主張は、きわめて侮辱的に、徹底的に否定された。チャンドラは反論するつもりで立ち上がったが、会長がすかさず制止し、発言の機会さえあたえられなかった。

この日、イギリス科学界の重鎮の圧力によって、チャンドラのブラックホール説はまたたくまに封印されてしまったのである。このことがあってからイギリスでの活動に限界を感じたチャンドラは、１９３７年、アメリカのヤーキス天文台へうつっていった。

それから20年以上、チャンドラのブラックホール説は無視されつづけた。ようやく脚光をあびたのは、１９６０年代になってからのことである。謎の天体「クエーサー（準恒星状天体）」がブラックホールではないかと注目されたのだ。そして、ブラックホールの周囲のガスから放出されていると考えられるX線の観測が進み、**１９７１年、ついにブラックホールの存在が確認された**。日本の天文学者・小田稔《おだみのる》が「はくちょう座X‐１はブラックホールである」という論文を発表したのである。

―ブラックホール説は王立協会に封印された

スブラマニアン・チャンドラセカール

1983年10月9日、チャンドラは「白色矮星の構造の研究」の功績が認められ、ノーベル物理学賞を受賞した。「チャンドラが、エディントンとの論争に勝った！」と評されたが、あまりにも遅すぎる栄誉だった。

No.17

二重らせん構造の証拠写真は盗まれていた!?

ロザリンド・フランクリン

1920～1958年。
イギリスの物理科学者、結晶学者。パリの国立中央化学研究所、ロンドン大学のキングス・カレッジで研究。
DNAのX線回析写真の撮影に成功する。

DNAの二重らせん構造を発見したのは、フランシス・クリックとジェームズ・ワトソンである。ふたりは1962年のノーベル生理学・医学賞を首尾よく受賞した。しかし、この発見の影で決定的な役割を果たした女性科学者がいたことを世間は知らされていなかった。

（画像提供：Photo12 via AFP）

らせん構造をとらえた美しい「写真51」

１９５１年、ロンドン大学のキングス・カレッジにひとりの女性科学者がやってきた。女性の名はロザリンド・フランクリン。イギリス系ユダヤ人の彼女は、ケンブリッジ大学で物理化学の博士号を取得後、パリの国立中央化学研究所に所属し、Ｘ線回析を使って木炭や粘土の内部組織を調べる研究を行っていた。キングス・カレッジではジョン・ランドルが率いるチームに招かれ、彼女が得意とするＸ線回析の技術を使ってＤＮＡの構造解析にあたることになった。

この時代の科学界では、ＤＮＡの構造解析の研究がにわかに活性化しはじめていた。**遺伝情報を伝達しているものはなにか？　それまでは染色体のなかのたんぱく質とされていたものが、染色体のＤＮＡではないかといわれはじめていた**。このＤＮＡに注目した研究者のひとりが、モーリス・ウィルキンスである。キングス・カレッジでロザリンドの同僚となる人物だ。Ｘ線の技術をもつロザリンドを研究チームに入れることをランドルに提案したのも、ウィルキンスである。

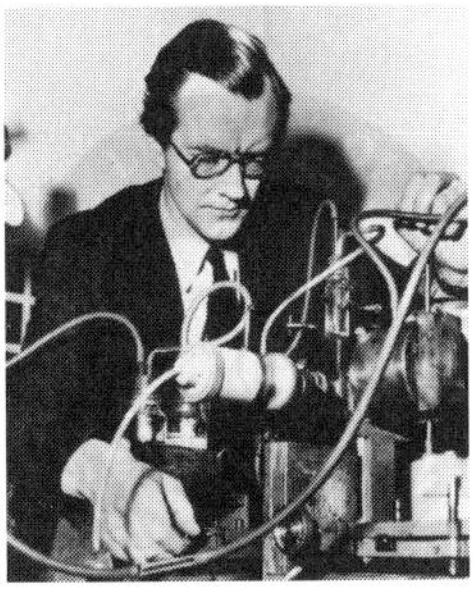
モーリス・ウィルキンス
（1916～2004年）

ロザリンドはレイモンド・ゴズリングを助手にして、黙々

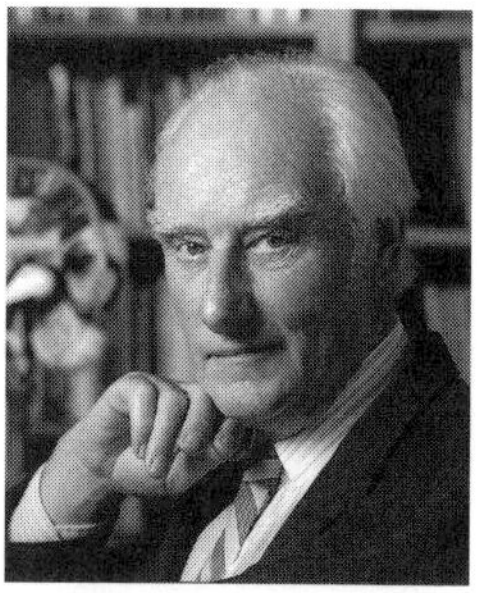

フランシス・クリック
（1916～2004年）
画像引用：Public Library of Science

ジェームズ・ワトソン
（1928年～）

と研究を進めた。専用のX線機材を組み立て、DNAの繊維を１本だけ固定し、X線に長時間露出させる。繊維は湿った状態に保たなければいけないので、加湿した水素を送り込んで湿度を調整した。

ほどなくして彼女たちは、鮮明な写真の撮影に成功した。その写真を見て驚いたウィルキンスはロザリンドに「共同研究をしよう」ともちかけるが、彼女は断った。ロザリンドからすると、それまで女性というだけで過小評価されていたことや、ほとんど役に立たないウィルキンスが割って入ってきて自分の研究を台無しにされるのが我慢ならなかったのだ。

ロザリンドを仲間にすることに失敗したウィルキンスは、とたんに研究に行き詰まってしまった。すると彼は、ケンブリッジ大学のキャベンディッシュ研究所に用もなく入り浸るようになった。そこには旧友の**フランシス・クリック**がいて、コペンハーゲン大学からやってきた若く才能あふれる**ジェームズ・ワトソン**もいた。ふたりはDNA構造の研究を進めていた。

ワトソンとクリックはウィルキンスからロザリンドのDNA研究のことを知らされてから、

その研究に興味をもった。キングス・カレッジで開かれる討論会でロザリンドの発表を聞いたり、ウィルキンスがもちえる情報を聞き出したりした。そして、それらの情報をもとにＤＮＡ構造の模型を組み立てた。ところが、これを見たロザリンドから、「水分はどこにあるんですか？」などといくつもの誤りを厳しく指摘され、恥をかかされる。この失敗により、ふたりは研究所のローレンス・ブラッグ所長からＤＮＡ構造の研究の禁止を言い渡されてしまった。

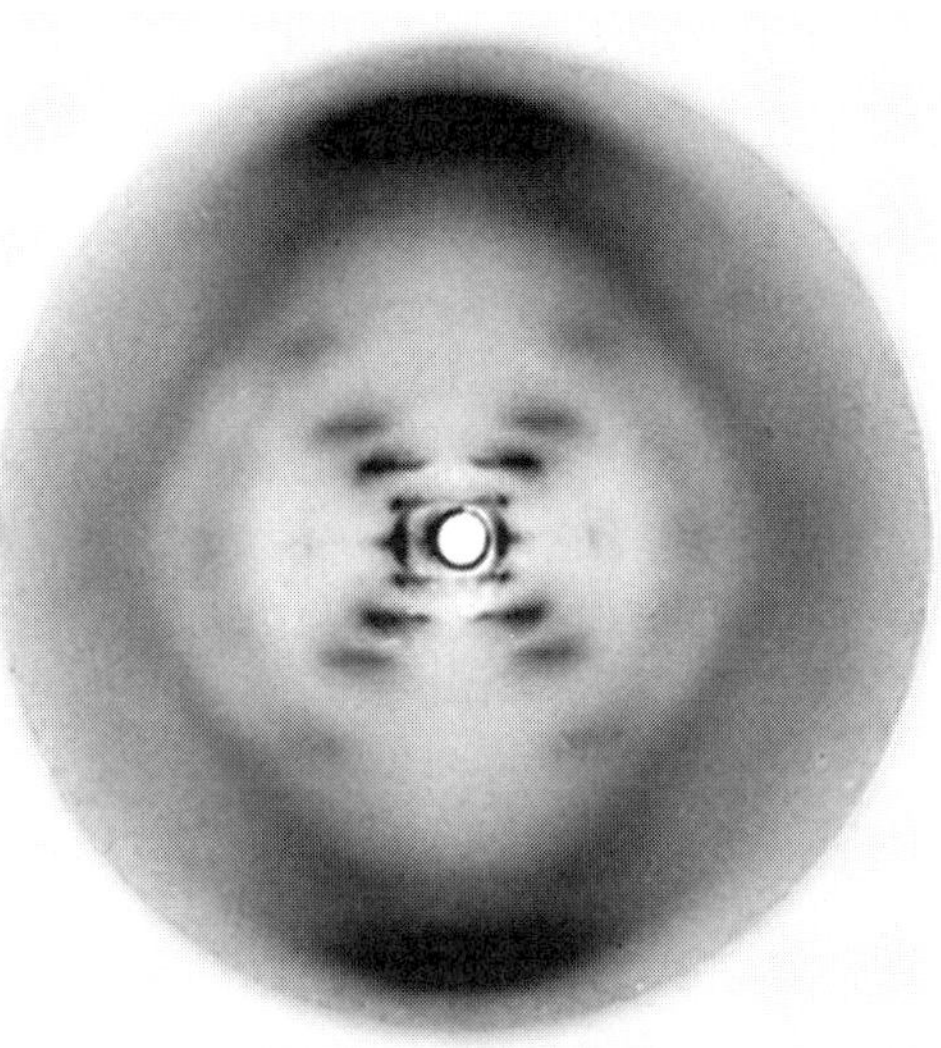

ロザリンドらによって撮影された「写真51」

一方、**ロザリンドとゴズリングは、新たに設計した傾斜型カメラを使って、さらに鮮明な写真の撮影に成功する。**1952年5月1日から2日かけて撮影された写真にはくっきりした十字模様が写し出されていた。明らかにＤＮＡのらせん構造を示すものだった。

ロザリンドはその写真に**「写真51」**と番号をふった。

栄光をかすめとった3人の男たち

1953年1月、アメリカの化学者ライナス・ポーリングとロバート・コーリーがDNAの構造を解明したというニュースが流れた。じつはロザリンドは、コーリーにDNA写真を見せていて、それがヒントとなっていた。

1月28日、その論文を見たワトソンは「リン酸がイオン化していない」という致命的なミスを見つける。論文は『ナショナルアカデミー会報』2月号で発表される予定だったが、誤りの指摘と修正が行われるはずなので、掲載されるまでには6週間はあるはずである。

するとワトソンは大胆な勝負にでる。1月30日、突然、ロザリンドの研究室を訪れたのだ。おびえた表情のロザリンドに、ワトソンは「あなたにはX線写真を解釈する能力がないのでは」と言った。この挑発に対し彼女は逆上して殴りかからんばかりとなったという。ただし、これはワトソンの著書『二重らせん』に記されたエピソードなので真相はわからない。

そこへウィルキンスが顔を出し、ワトソンに「彼女はすごくいい撮影をしたよ」と言った。そして、**ロザリンドの研究室にあった写真をワトソンに見せた**。「写真51」だった。それはなにげない自然なやりとりで、ロザリンドもウィルキンスも、それこそワトソンが探し求めていたものだとは気づいていなかった。ウィルキンスでさえ、ワトソンがふたたびDNAの模型づくりを試みるつもりであることをこのとき知らなかったのだ。

ワトソンは写真を見たその夜にある結論に達した。DNAのらせん鎖は3本ではなく、2本である。なぜなら、生物学的に重要な物質は対になるからだ。

翌日、ワトソンとクリックはブラッグ所長からDNA構造の研究再開の許可をとりつけると、さらに情報をかき集めた。**ウィルキンスからロザリンドのメモ書きで覚えていることを聞き出し、英国医学研究会議（MRC）の生物物理学委員会の報告書からロザリンドの研究データを入手した**。クリックはその報告書から、DNAの結晶は上下さかさまにしても同じ形状になることを確信した。

またワトソンは2月28日に、DNAの2本の鎖のうえにのる4種類の塩基は、アデニン（A）とチミン（T）、グアニン（G）とシトシン（C）が必ず対応していると考えた。だから2本の鎖が分離しても、新しい鎖に同じ遺伝情報がのり、それが次の世代へ伝えられていく。

じつはロザリンドも2月23日の時点でアデニンとグアニン、チミンとシトシンには互換性があると気づいており、たったひとりでDNA構造解明の一歩手前まで迫っていた。「写真51」がワトソンにわたっていなければ、すべての栄光は彼女のものとなっていたはずである。

ワトソンたちはDNA二重らせんの最終模型を3月7日に完成させ、『ネイチャー』誌の短

二重らせんの模型を前にするクリック（右）とワトソン（左）
（画像引用：『二重らせん』講談社刊 より）

信として発表した。このときちょうどロザリンドとゴズリングによる論文「胸腺核酸ナトリウムにおける分子の立体構造」も同時に掲載されることになった。「写真51」はロザリンドたちの論文の図解として掲載されたが、ワトソンたちの論文では写真への言及はなく、見たことすら述べていない。また、ロザリンドたちの論文については、「われわれが構造を考えだしたときには、そこに示されている結果の詳細を知らなかった」と記している。

ロザリンドは、ワトソンたちに自分のデータがわたったのではないかと疑っただろうが、一切抗議することはなかった。**そもそもキングス・カレッジでは彼女に味方する者はおらず、孤**

立無援だったのだ。彼女はこの前後にキングス・カレッジをやめ、バークベックカレッジへ異動した。ランドルは彼女に宛てた手紙で「もうあの仕事（DNAの研究）は適当なところで破算にするか、終了してもらえるとありがたい」とまで書いている。

1962年、ワトソンとクリックはノーベル生理学・医学賞を受賞する。この受賞者にはもうひとり、ウィルキンスが加えられていた。

なぜロザリンドではなかったのか？　ノーベル委員会はこの反論をゆるさない完璧な理由を持ち合わせている。**ノーベル賞は故人には与えられない**のだ。彼女は1958年に37歳で他界している。死因は気管支肺炎、がん腫症、卵巣がん。彼女は実験のときに鉛の保護エプロンを着ることなく、X線から出る放射線を浴びつづけていた。

ロザリンドの存在が知られるようになったきっかけは、皮肉にも1968年のワトソンの著書『二重らせん』だった。そこで「気難しいロージー」として登場していたのである。これ以降、ワトソンたちがロザリンドの研究成果に依存していたことが明るみに出ていく。

ちなみに、クリックとウィルキンスはワトソンの本の出版を差し止めようとしていたという。

No.18

パルサー発見によるノーベル賞を指導教官に奪われる

ジョスリン・ベル

1943年～。
北アイルランド出身の女性天文物理学者。
ケンブリッジ大学の大学院生時代にパルサーを発見。
イギリス天文学会会長などを務める。

ケンブリッジ大学の博士課程の女子学生、ジョスリン・ベルはほとんど単独で天文学上の重大な発見をするにいたった。ところが、科学界の悪しき慣習がその偉業を奪い去ろうとしていた。

（画像提供：University of Bath）

膨大な記録から奇妙な信号を発見

ケンブリッジ大学の電波天文学研究グループ――。この研究グループを率いていたのは、アントニー・ヒューイッシュである。彼は**クェーサー**※**（準恒星状天体）の検出**を計画していた。宇宙からやってくる電波源がチカチカと揺れ動いて観測される現象をシンチレーションという。**大きなシンチレーションを示す電波源はクェーサーである可能性が高い**とされていた。

ヒューイッシュはシンチレーションをとらえるための電波望遠鏡を設計し、その組み立てを研究グループに加わったばかりの博士課程の女子学生、ベルに命じた。1965年のことだ。

ベルは、来る日も来る日も望遠鏡の組み立てに時間を費やすことになった。同期の大学院生やバカンス中の学生らにも手伝ってもらいながら、重たい大槌を振り落として望遠鏡をつくった。

2年の歳月をかけ、ようやく電波望遠鏡が完成する。その望遠鏡はテニスコート60面分にもおよぶ巨大なものとなった。

次にベルが行った作業は、電波望遠鏡をひとりで操作しながら、同時に観測データの解析を

※クェーサー：銀河中心部で電磁波を放射する、極めて明るい天体。クェーサーの中心部には超大質量のブラックホールがあると推定されている。ブラックホールに物質が飲み込まれる際の重力エネルギーの解放によって強く輝いているという。

行うというものである。１９６７年7月からはじまった。

観測データは休みなくプリンターから出力されてくる。毎日30メートル近くの長さの用紙に3列の記録が打ち出される。この膨大なデータを解析するのだが、通信・放送などによる人間活動由来の電波雑音を排除したうえで、ほんもののシンチレーションを発見しなければならない。解析作業は少しずつ遅れが生じていった。

10月になったころ、ベルは奇妙な信号を発見する。人工的な電波雑音ではない。ふつうの星の光でもない。記録紙のうえではわずか1センチ強ほどの長さしかない。ごく短時間に流れる信号、パルスである。彼女はこの信号を**「かすかなほの白い光」**と表現した。ベルは同じような信号を以前にも見たことがある気がして記録をさかのぼってみると、その信号は８月６日にすでにあらわれていた。

ベルはすぐにヒューイッシュに報告。パルスの正体をつきとめるため、11月中旬から観測所の高速記録計で調べることにした。その**電波源は天空を回る星の周期と同じく23時間56分間隔であらわれる**ので、ベルは毎日その時間帯に観測所にいるようにした。しかし、信号はあまりにも弱いので、なにもとらえることができない日がつづいた。

すると11月28日、記録計から一連のパルスが打ち出された。それはほとんど正確に**1・3秒間隔のパルス**でできていた。

ベルはすでに帰宅していたヒューイッシュに電話で報告するが、彼は「それは放送局の電波か、人工的なものだろう」と素っ気なく電話を切った。

ただ、そのパルスは24時間周期ではなく、星の周期と同じく23時間56分間隔であらわれる。23時間56分間隔で電波を発信する人間活動はないはずだ。当初はベルの発見に関心をしめさなかったヒューイッシュも、徐々に興味をひかれて、ベルの観測の様子を見にくるようになった。そしてふたりで、「人工衛星からの信号ではないか」「月で反射されたレーダー信号ではないか」など、あらゆる可能性を一つひとつつぶしていった。

ケンブリッジ大学の電波天文学者グループのほかの研究者たちのなかには、パルスは宇宙のほかの文明からの信号ではないかと主張するものもいた。いわゆるリトル・グリーン・マン（LGM）説である。

そんななかベルは毎日、地道にパルスの電波源を探るため観測をつづけた。

クリスマス休暇のためにケンブリッジをたつ前日のこと、ベルは悪戦苦闘しながら観測をつづけていた。望遠鏡が寒さで反応が悪いので、息をかけて温めたり、たたいたり蹴とばしたりして動かしていた。やっと動き出したと思ったら、5分後にまた動かなくなった。しかしその5分間に奇跡がおきた。一連のパルスをとらえていたのだ。その電波源は1・2秒間隔の周期のパルスだった。それまで観測してきた「かすかなほの白い光」によく似たものだが、周期が違う。**べつの種類のパルス**だった。

ふたつの異なる文明が同時に地球に向けて信号を発信するとは考えられない。もはやこの信号は自然現象として天体から発せられたものに違いない。**ベルはパルス状の電波を発する電波天体「パルサー」の発見に成功したのである**。

のちの研究では、ベルが発見したこうしたパルサーは、星が進化した結果として生まれる中性子星であることが解明されていくことになる。

論文の著者順位は2番目に

1968年2月末、パルサー発見に関する論文が『ネイチャー』誌に掲載された。この論文で、リトル・グリーン・マン（LGM）説は完全に否定されると結論づけた。

パルサー発見のニュースはイギリスの天文学者たちに衝撃をあたえた。しかも、その発見をしたのがひとりの女子学生だったということも話題となった。

ただ、この論文は大きな問題をはらんでいた。論文の5人の著者の順番が、**ヒューイッシュが筆頭であり、2番目がベルだった**のである。ベルの指導教官であるヒューイッシュが筆頭となるのは自然なことのように思えるが、**科学論文の記述法においてこれは「パルサーの発見者**

Article | Published: 24 February 1968

Observation of a Rapidly Pulsating Radio Source

A. HEWISH, S. J. BELL, J. D. H. PILKINGTON, P. F. SCOTT & R. A. COLLINS

Nature **217**, 709–713 (1968) | Cite this article

『ネイチャー』に掲載された論文のタイトルと著者。「S.J.BELL」が２番目にある
（画像引用：https://www.nature.com/articles/217709a0）

はヒューイッシュ」ということを意味する。

ベルはその年に結婚し、夫の転勤にあわせてケンブリッジを去った。それから各地を転々としながら、さまざまな天文台や大学で研究をつづけることになった。

1973年、ベルとヒューイッシュはパルサー発見の業績によりアルバート・マイケルソン・メダルを授与される。ところが翌年、パルサー発見の業績でノーベル物理学賞を受賞したのはヒューイッシュと同僚のマーティン・ライルであり、そこにベルの名は含まれていなかった。

なぜベルのノーベル賞受賞は見送られたのか？　これに抗議する人は少なくなかった。

著名な理論天文学者であるフレッド・ホイルは、この受賞を「スキャンダル」と痛烈に批判した。『タイムズ』紙に「ベルの業績の重要性が正しく理解されていない。この発見は、ただ単に膨大な記録をたぐっているうちに得られるようなものではない」とコメントした。

ヒューイッシュは、ホイルのこのコメントに反論。『タイムズ』紙に「ベルは学生ならば誰でもできることを、私の指示どおりにしたに

すぎない」という主張を寄稿した。

しかし、ベルはそもそもヒューイッシュの指示どおりに行動したわけではない。ヒューイッシュの指示は「クエーサーの検出」であり「パルサーの発見」ではなかった。**ベルは最初のパルサーを単独で発見し、さらにひとりで探索をつづけ、2つ目のパルサーを発見したのである。**

パルサーの研究で知られるトーマス・ゴールドは、「パルサーの源が人工的なものか宇宙からのものかの決定は、ベルの第2のパルサー発見こそが決定的だった」としている。

パルサーを発見したのはヒューイッシュではない。ベルが発見したことははっきりしている。しかし、ノーベル賞はヒューイッシュにあたえられたのである。

それまでの科学界では、弟子の業績を師が独占するという慣習があったが、ヒューイッシュのノーベル賞をめぐる論争はその慣習を見直すきっかけとなった。

ベルにはたくさんの理解者と支援者があらわれた。**最終的に彼女にはヒューイッシュとは比べものにならないほど多くの賞がさずけられた。**そして彼女は王立天文学会会長やエジンバラ王立天文学会会長を務めるなど、女性科学者として輝かしいキャリアをきずいている。

第3章

世の中を混乱させた科学者

The scientist who confused the world

「世紀の大発見だ！」
世間は新たな発明を喜び、
過去の常識を塗り替える知見に熱狂する。
しかし、熱狂は人の目を曇らせる。
「**嘘**」によって世間を惑わした者、
後の世で「**誤り**」だったと断じられた者。
彼らはなぜその発見に至ったのだろうか。

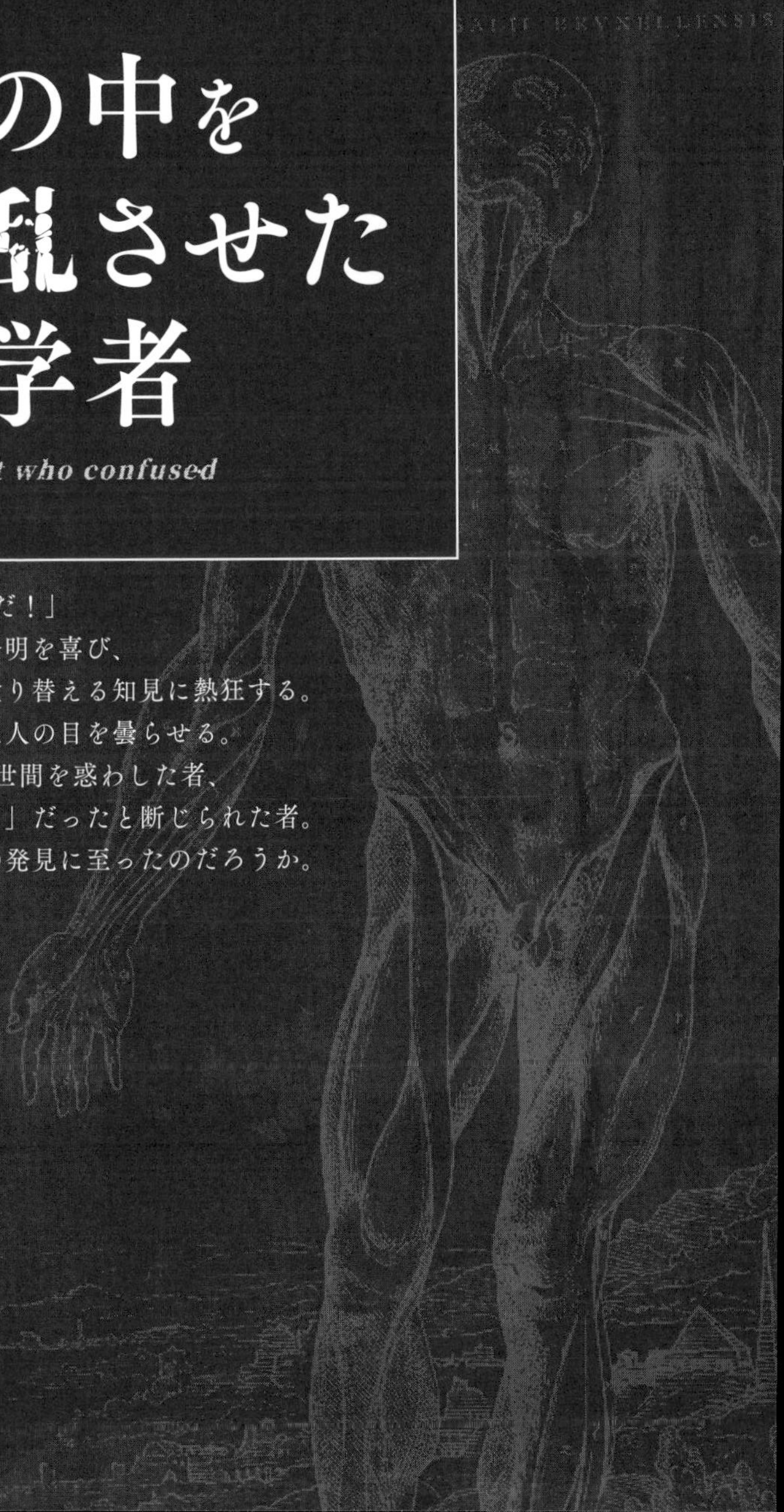

No.19

観測データを盗用して天道説を打ち立てていた!?

クラウディオス・プトレマイオス

83年頃～168年頃。
エジプトのアレクサンドリアで活躍した天文学者・地理学者。
古代の天文学を集大成し、「天道説」を不動の定説とする。
著書に『天文学大全（アルマゲスト）』。

古代ギリシア・ローマの天文学を集大成したのは、プトレマイオスである。彼の著書『天文学大全』は、ギリシア語で「もっとも偉大な」を意味する「アルマゲスト」と呼ばれるほど、その学説は崇敬されてきた。「天動説」が記されているのもこの書籍である。ところが、そこに示されたデータには怪しい点がいくつも指摘されていて、偉大なプトレマイオス像が崩れかねない危機に瀕している。

古代に地動説は証明されていた

まず、古代の天文学の流れを概観してみよう。

ギリシア哲学の祖タレスの弟子であったアナクシマンドロスは、大地は**平らで「円盤」の形**をしていて、宙に浮いているとした。これに対し数学者のピタゴラスは、大地は**「丸い球」の形**をしているとし、はじめて「地球説」を唱えた。ピタゴラスはなにか根拠があったわけではなく、数学的な美しい丸い球にこそ真実があると考えたようだ。

プラトンは、ピタゴラスの地球説を支持し、**「宇宙の中心に浮かぶ地球を中心に、太陽や月、火星、木星、土星などの天球が順番にとりかこんでいる**。そして、一番外側の天球には無数の恒星が張りついている」とした。

プラトンの宇宙モデルの問題は、惑星の運行の様子を正しく説明できないところがあることだった。太陽や月はほぼ円形の軌道を規則正しく動くが、天球のなかには、ときどき逆向きに進んだり、奇妙な動きをする星がある。この奇妙な動きをする星は、「さまよう人」という意味の「プラネテス」と呼ばれていた。これが英語の「プラネット」（惑星）の語源となる。

惑星が奇妙な動きをする原因は、太陽のまわりを回る公転速度が惑星によって異なるからで、この現象を「逆行《ぎゃっこう》」とよぶ。この時代に「逆行」を正確に説明することは困難だったが、アリストテレスはこの問題に挑んだ。

まず、アリストテレスの弟子のエウドクソスが、１つのモデルをつくりあげた。惑星は単純な円軌道ではなく、**それぞれ異なる回転軸と回転速度をもつ**と考えたのである。エウドクソスは、合計27個の天球の運動を組み合わせることで「逆行」を説明した。

アリストテレスは、弟子の宇宙モデルを発展させ、全部で56個の天球が複雑に動く宇宙モデルをつくりあげた。一番外側の天球の回転が内側の天球に伝わり、その回転がさらに内側の天球に伝わる。これを繰り返すことで、すべての天球が回転していると考えた。このうち、**一番外側にある天球**（無数の恒星が張りついている天球＝「恒星天《こうせいてん》」）**を動かす存在を「不動の動者」とよび、「不動の動者」こそが天を動かす力であり、「すべての運動の源」**と考えた。

ここまでは「天道説」にあたるが、古代にも「地動説」を唱えた天文学者がいた。それがアリスタルコスである。

アリスタルコスは、「月食は、月が地球の影にかくれる現象だ。ということは、月は地球の影よりも小さい。すなわち、月は地球より小さい」と推測。さまざまな観測を繰り返し、「月は地球の大きさの約３分の１（実際は約４分の１）」と結論づけた。さらに、太陽は地球の大きさの約７倍（実際は１０９倍）と算出した。そのうえで、「太陽が地球よりも大きいのであれば、宇宙の中心にあるのは太陽ではないか？」と考え、**「地動説」を導きだしてしまった**。

ただ、発見したアリスタルコスでさえ地動説を信じきれなかったようだ。地動説はひとつの学説の域をでることなく、忘れ去られてしまった。

見えるはずの星が見えていない

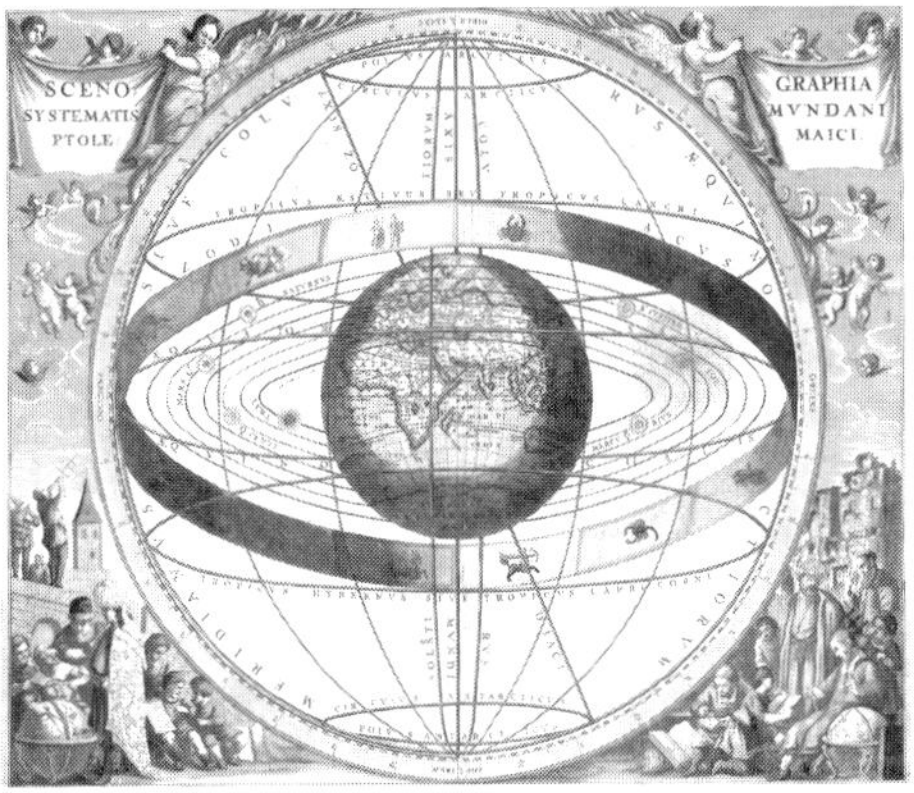

プトレマイオスの時代の天動説を描いた絵画

さて、エジプトのアレクサンドリアで活躍したプトレマイオスは、次のような「周転円《しゅうてんえん》モデル」を提唱した。**地球は宇宙の中心で静止している。惑星は地球を中心に単純な円運動をするのではなく、自ら小さな円を描きながら、同時に地球のまわりを回っている。この動きによって、惑星は地球に近づいたり、遠ざかったりする**。これにより「逆行」も説明できるし、惑星の大きさや明るさが変化する理由もうまく説明できた。

周転円モデルはあまりにもよくできていたため、これが定説となり、**結果的に1500年にわたって人々に信じさせることになった**。もちろん、異端を厳しく禁じる中世のキリスト教社会において、真に科学的な議論が封印されてしまったことも周転円モデルが定説となる大きな要因となった。この点はプトレマイオスにはなんの落ち度もない。ただ、その一方で、プトレマイオスには、科学者として見過ごすわけにはいかない汚点が指摘されている。

19世紀になり、近代の天文学者たちがプトレマイオスの観測データを調査したところ、いくつもの不可解な点が明らかになった。惑星の現在の位置から遡って計算すると、**プトレマイオスの観測データには誤りがあり、それも古代の天文学の水準に照らしても、誤差とよべないほどひどいものだった**という。

近年では、カリフォルニア大学サンディエゴ校の天文学者デニス・ロウリンスが、こう指摘している。「プトレマイオスの観測データは、彼自身のものではなく、**約３００年前のロードス島のヒッパルコスの観測データを盗用したものである**」と。

アレクサンドリアは、ヒッパルコスが観測をしたロードス島から緯度で5度だけ南に位置する。つまり、プトレマイオスが観測を行ったアレクサンドリアでは、ロードス島よりも5度分だけ多く南側の空の星が見えるはずだ。ところが、**プトレマイオスの観測データにある１０２５の星のなかには、その５度分の帯域にあるはずの星が１つも記されていない**。そして、著書『天文学大全』で紹介される事例はすべて、ロードス島と同じ緯度で説明されているという。

ちなみに、プトレマイオスをもっとも崇拝したといわれる、4世紀の天文学者テオンでさえ、プトレマイオスはヒッパルコスの事例を借りてきたと考えていたようだ。

一方、ジョンズ・ホプキンス大学応用物理学研究所のロバート・ニュートンは、自著『プトレマイオスの犯罪』で、プトレマイオスが捏造したと思われる観測データの事例をあげている。

たとえば、秋分点（太陽が北側から南側に通過する点）の観測日時についてだ。プトレマイオスは西暦132年9月25日午後2時に秋分点を観測したとしているが、現在の天文表から逆算すると、それは1日早い9月24日午前9時54分のものであるという。そして、ヒッパルコスはそれより300年ほど前の紀元前146年9月27日に秋分点を観測している。**ヒッパルコスの観測結果として得られる日時は、プトレマイオスが報告した日時とほぼ一致している。**

ロバート・ニュートンは、秋分点と春分点、夏至を観測したと主張するデータ4件はヒッパルコスの観測データが利用されているとしている。また、プトレマイオスが観測したと主張するデータ23件のうち、少なくとも16件が捏造だとみている。

果たしてプトレマイオスは、アレクサンドリアの夜空を見上げ、ほんとうに自分で観測していたのだろうか。**古代のすべての知が集積された大図書館のなかで、自身の宇宙モデルを組み立てるのに都合のよいデータを書物から集めていただけではないだろうか。**その宇宙モデルは1500年で崩壊し、いまやそのデータにも疑いの目がむけられている。

No.20

アマチュアが発見したピルトダウン人は史上最大の捏造だった

チャールズ・ドーソン

1864～1916年。
イギリスの弁護士でアマチュア考古学者。ロンドン考古協会とロンドン地質学会のフェロー。ピルトダウン人の化石を発見するが、あとに捏造と断定される。

20世紀初頭にイギリスで発掘された「ピルトダウン人」の化石。人類の進化の一過程を示す重大な発見としてイギリスの考古学界はわきたった。ところが戦後、化石は完全な偽造品だったことが判明する。この科学史上最大の捏造事件はなぜおきたのか？

完璧すぎるミッシング・リンク

イングランド南部に暮らすチャールズ・ドーソンは弁護士だが、化石の蒐集が大好きなアマチュア考古学者だった。かなり熱心に化石の研究をし、ロンドン考古協会とロンドン地質学会のフェロー（会員）にもなった。そんな彼はあるとき、近くの村のピルトダウンにある砂利採掘場に作業員を集めて本格的な発掘作業をするようになった。

ドーソンはひそかに人類史を書きかえるような大発見をねらっていた。

当時の考古学界では、太古の人類の姿をつたえる化石の発掘ラッシュがおきていた。ドイツでは1856年に**ネアンデルタール人**の化石が発掘され、1907年には同じくドイツで**ハイデルベルク人**の化石が発掘された。インドネシアでは1891年に**ジャワ原人**の化石が発掘されている。

ドーソンは、イギリスにも太古の人類の化石が眠っているはずだと考えた。すると**1908年、発掘作業がすすむなかで、ひとりの作業員が骨の断片を発見した。ヒトの頭蓋骨の一部だった**。さらに1911年には、頭蓋骨のもっと大きな断片が発見された。

1912年、ドーソンはロンドンの大英自然史博物館（現・ロンドン自然史博物館）の旧友である古生物学者アーサー・スミス・ウッドワードに、頭蓋骨発見の報告をした。興味をもっ

ピルトダウン人の頭蓋骨を検証する人々。
後列右端がウッドワード、右から2番目がドーソン。

たウッドワードはピルトダウンにやってきて、発掘をより組織的にすすめる手伝いをした。

するとその年の夏、**ピルトダウンから下顎骨が発掘された**。それまでに発掘された頭蓋骨の一部とみられ、まさに発見が期待されていたものだった。

ウッドワードは、発掘された頭骨と下顎骨を組み合わせた。欠けた部分は粘土で補いながら頭蓋骨を完成させた。そして同年12月、ドーソンとウッドワードは地質学会で太古の人類、ピルトダウン人の頭蓋骨として発表した。ピルトダウン人の生存時期は更新世前半より古いとされた。

ピルトダウン人の頭蓋骨の特徴は、頭

骨は人類のものに近いが下顎骨は類人猿のものに近いということだ。このことはダーウィンの進化論を信奉するイギリスの学者たちを喜ばせた。

というのも、ダーウィンの進化論が正しいとすると、類人猿とヒトをつなぐ過渡的な形態の人類が存在するはずだと考えられていたからだ。**ピルトダウン人の化石は、類人猿とヒトを完璧につなぐ「ミッシング・リンク」となっていたのである**。ピルトダウン人こそ、まさに彼らが求めていたものだった。

しかも、そのミッシング・リンクが祖国イギリスに眠っていたということが彼らのナショナリズムを大いに満足させたのである。もちろん冷静に異議を唱える科学者もいた。「ヒトの頭骨に類人猿の下顎骨はうまくはまらないのではないか」などと疑問の声があがったが、大発見にわきたつ熱狂のなかでそんな声はかき消されてしまった。

ピルトダウンの発掘作業はつづけられた。このころになると現場は祭りのようなにぎわいとなった。イギリス中の地質学者や考古学者が集まってきた。ロンドンから列車1本で訪れることができるアクセスのよさも手伝って、小旅行をかねて訪れる一般人も多かった。作家アーサー・コナン・ドイルなど、当時の多くの有名人も訪れている。

人々の注目が集まるなかでドーソンは、またしても大発見をする。1915年、ピルトダウンから数キロ離れた砂利採掘場で同じような特徴をもつ頭骨の断片と臼歯を発見したのであ

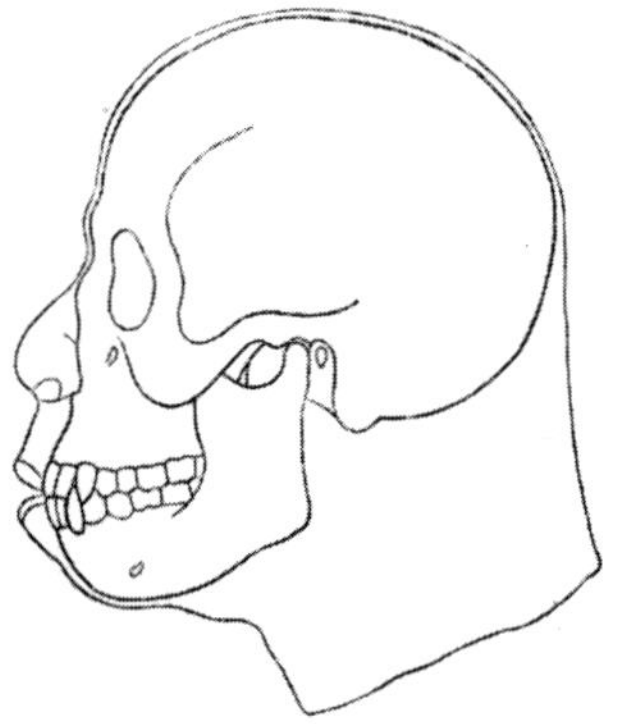

1925年に早稲田大学出版部から刊行された『人類学概論 第2編』に掲載されているピルトダウン人の頭骨。書籍内にウッドワードの評として「現代人の小さい脳髄容量と匹敵する」と記されている

る。これは**「第2ピルトダウン人」**とよばれた。

同じ種類の化石が2組も出現したことで、ピルトダウン人の存在はもはや疑いようのないものとなった。ピルトダウン人は人類史のなかにしっかり位置づけられ、本格的な研究がなされるようになっていった。

専門家も見抜けなかった偽造品

大英博物館の動物学者であるマーチン・A・C・ヒントンは、ピルトダウン人発見の知らせを聞いたあと、1913年にピルトダウンの発掘現場を訪れている。**ヒントンは、ドーソンたちの発掘した化石がくだらない偽造物だと見抜いていた**。

いったいだれが偽造物をつくったのだろうか？　犯人はだれか？

ヒントンは犯人をあぶりだすため博物館の仲間とともに、明らかに偽造とわかる化石をつくった。ウッドワードが組み合わせた頭蓋骨のうち、粘土で補った歯の模型と同じ形の化石をつくったのである。それをピルトダウンの発掘現場に埋めた。

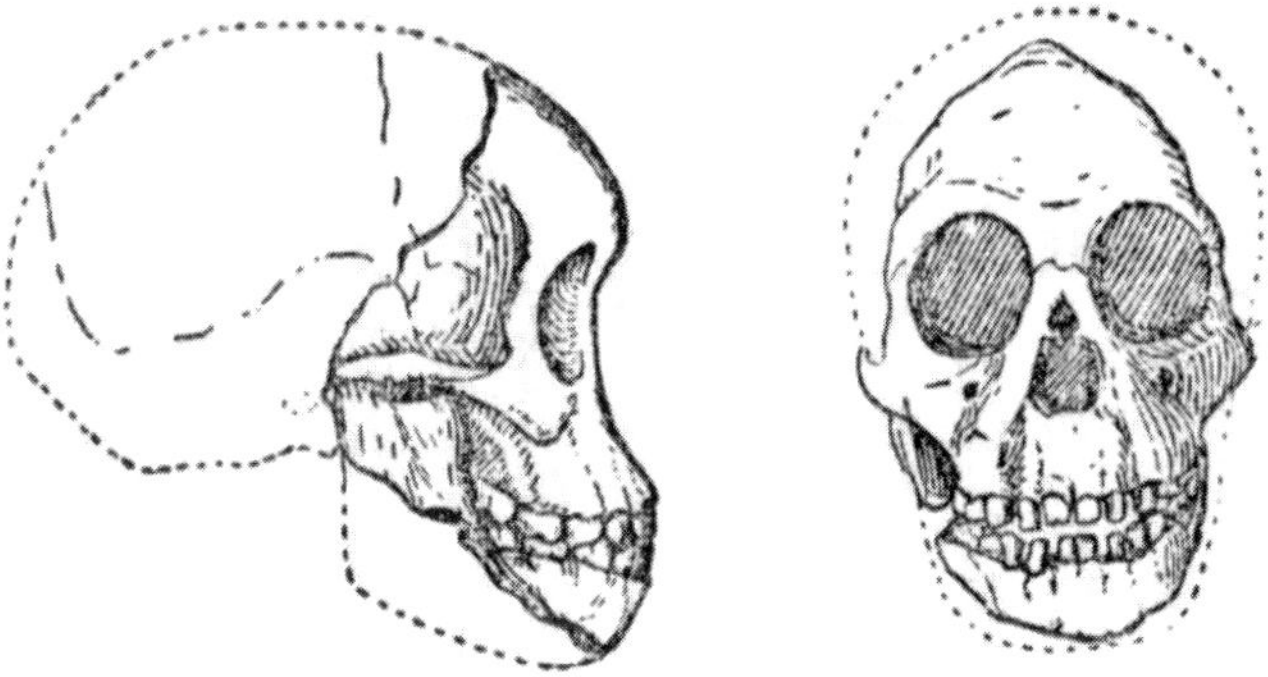

アウストラロピテクスの頭骨
（画像引用：『人類の誕生』カミーユ・アランブール 著ほか／1953年）

すると案の定、その歯は発掘された。偽造犯ならば自分以外の何者かが偽造物を埋めたと気づくはずである。ところが**ドーソンやウッドワード、発掘現場の作業員たちのだれもが純粋に化石の発見を喜び、全国民に向けて発表した**。偽造を見抜ける専門家もいなかった。

ヒントンは、さらにピルトダウン人の道具としてクリケット用のバットのような形をした化石をつくって発掘現場に埋めた。するとまたしてもだれも疑いをもつことなく、バットの発見を発表した。ドーソンとウッドワードは、これは更新世の人類の生活を伝える貴重な標本だとして、専門誌に掲載して詳しく解説しはじめた。

ヒントンは、明らかな偽造物を見抜けない専門家たちに愕然とした。もはや偽造を明かすこともバカらしくなり、そのまま放置してしまった。

やがて1924年、南アフリカで**太古の人類の化石（アウストラロピテクス）が発見される**。それはピルトダウン人の頭蓋骨とはまったく違う特徴を示していた。ヒトの頭骨に類人猿のような下顎骨ではなく、反対に類人猿のような頭骨にヒトのような下顎骨がついていたのである。「ピルトダウン人は例外的な進化をした」と苦し紛れの解釈がなされたが、徐々に疑いの目がむけられるようになった。

１９５３年、化石の年代測定技術が急速に進歩するなか、大英博物館の科学者たちはピルトダウン人の頭骨と下顎骨をあらためて調査することにした。すると驚くことに、それは**「中世の人間の頭蓋骨に現代のオランウータンの顎を組み合わせ、チンパンジーの歯を歯槽に差し込んだもの」**と判明したのである。40年にわたって太古の人類であると信じられたピルトダウン人が捏造であることがついに暴露された瞬間だった。

では、いったいだれが化石を偽造したのか？

前述のように、歯やバットを偽造したのはヒントンであるが、ただヒントンは偽造を暴こうとして偽造品を埋めたのであって、この事件の首謀者ではない。

偽造犯候補のひとりは、ウッドワードだ。彼は、ピルトダウン人の化石を本物であると鑑定した専門家である。ただ、それが偽造品だと暴露されれば、自分の立場が危うくなりかねないので、ただ単に偽造を見抜くだけの能力がなかっただけなのかもしれない。

やはり偽造犯はドーソンだろうか。ドーソンは化石の第一発見者だ。彼は化石の発見により

―アマチュアが発見したピルトダウン人は史上最大の捏造だった

チャールズ・ドーソン

名声を獲得したいという願望を強くもっていた。砂利採掘場の近くに住んでおり、偽造物を埋めるにも都合がよかったはずである。ドーソンは1916年8月に亡くなっているが、**それ以降にピルトダウン人に関する化石が発見されていないことも彼への疑惑を深めることになる**。近年のさまざまな調査では、ドーソン単独犯説が強まっている。

ドーソンやウッドワードは捏造発覚前に亡くなった。名声に包まれたまま死ねたのはある意味、幸せだっただろう。しかし科学界はこの捏造事件を教訓として語りつごうとしている。南アフリカの人類化石遺跡群にあるスタークフォンテンの博物館には「捏造された頭骨」としてピルトダウン人の標本の模型が展示されている。

No.21

“奇跡の手術”ロボトミーは廃人を量産していた

ウォルター・フリーマン

1895～1972年。
アメリカの精神科医。精神疾患の治療法として
ロボトミー手術の術式をアメリカに輸入し、発展させる。
「精神外科の父」と称される。

かつて精神疾患の患者の脳の一部を切る外科手術「ロボトミー」が大流行した。一瞬にして症状を改善させる「奇跡の手術」と称賛されたが、その裏では虚ろな目をした廃人が大量に生みだされていた。ロボトミーの推進者で、患者の脳にアイスピックを刺し込みつづけた彼は、救世主だったのか？　それとも悪魔か？

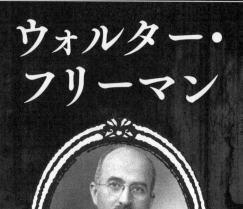

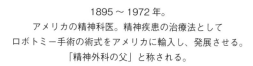

目から突き刺し、脳をかき切る

アメリカ最大の精神科病院セント・エリザベス病院の研究所長だったフリーマンは、精神疾患の原因が脳にあると考え、病院内で亡くなった患者たちの脳の解剖に明け暮れていた。

1920年代当時の精神医学は、フロイトが創始した精神分析学が隆盛をきわめていて、さまざまな精神疾患に対しては催眠や夢分析によって治療が行われていた。しかし、**フリーマンは脳外科の治療によって精神疾患を改善できるのではないかと考えていた**のである。

すると1935年、フリーマンの運命を左右する発表があった。ロンドンの国際神経学会で、エール大学の研究チームが、チンパンジーの脳の前頭葉の一部を切ると凶暴性が治まったと発表したのだ。

アントニオ・エガス・モニス
(1874～1955年)

これを聞いていた、出席者のポルトガルの精神科医アントニオ・エガス・モニスが言った。

「その実験を応用すれば、精神患者を救うことができるのではないか?」

モニスはポルトガルの外務大臣を務め、脳の血管をX線撮影する「脳血管造影法」の研究でノーベル賞の候補にまで

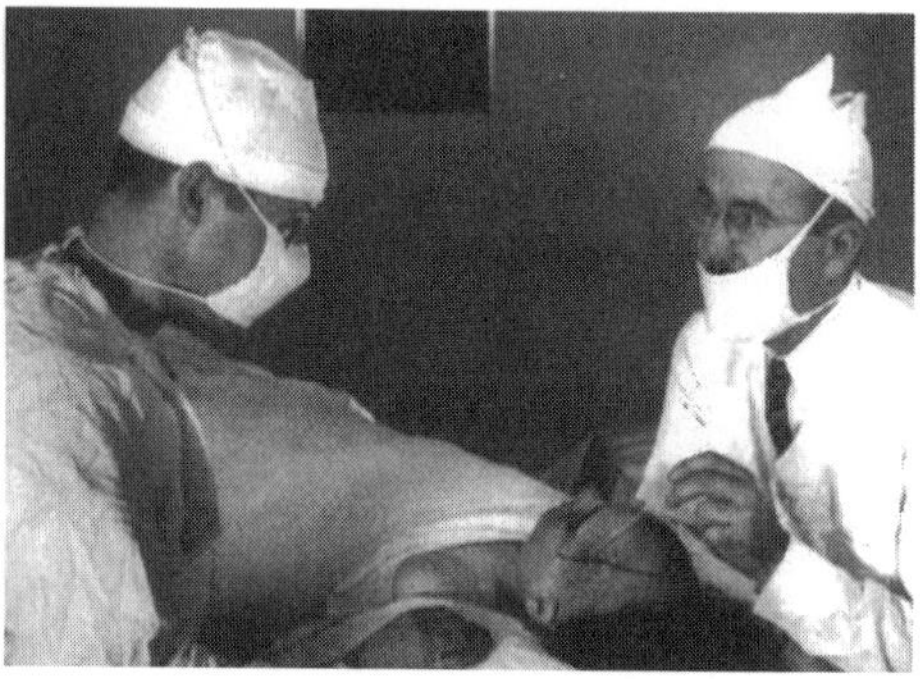

ロボトミーを行うフリーマン（右）と
ジェームズ・ワッツ（左、1904 ～ 1994 年）
（画像引用：『ロボトミスト』ランダムハウス刊 より）

なった人物だった。彼は、さっそく精神疾患をかかえる患者20人を集めて、脳の前頭葉と大脳辺縁系の連絡回路にあたる神経繊維の集まり「白質」とよばれる部分を切る手術を行った。この術式は、ギリシャ語の「白（leuco）」と「切除（tome）」から「ロイコトミー」と名付けられた。ロンドンの学会からわずか半年後、**モニスは20人のうち、およそ7割の患者の症状が治癒したか、改善に向かったと報告した**。

この論文を読んだフリーマンは、さっそく手術に必要な長いメスをヨーロッパから取り寄せ、ロイコトミーをアメリカで展開しはじめた。フリーマンは精神科医で、脳外科手術を行うことはできないので、神経外科医のジェームズ・ワッツと協力し、死体を使って研究した。

そして１９３６年９月、フリーマンとワッツは、ジョージ・ワシントン大学病院でアメリカ初となる精神外科手術を行った。患者は63歳のアリス・ハマットという女性で、重篤なうつ病を患っていた。家具を壊すなど暴力的な症状もあり、夫の強い希望で彼女は手術台に寝かせられた。

患者に麻酔をすると、**頭蓋骨の側頭部にドリルで穴をあけ、長いメスを差し込み、前頭葉の白質の神経繊維の一部を切った。**術後、患者からうつ病の症状が消え、すぐに退院できた。

モリスが前頭葉の一部分を切ったのに対し、フリーマンたちは前頭葉と視床のあいだの神経繊維を切るという、よりシンプルな手術で同じ効果をえることに成功した。フリーマンはこの術式を、ラテン語の「頭葉（lobo）」と「切る（tomy）」から**「ロボトミー」**と命名した。

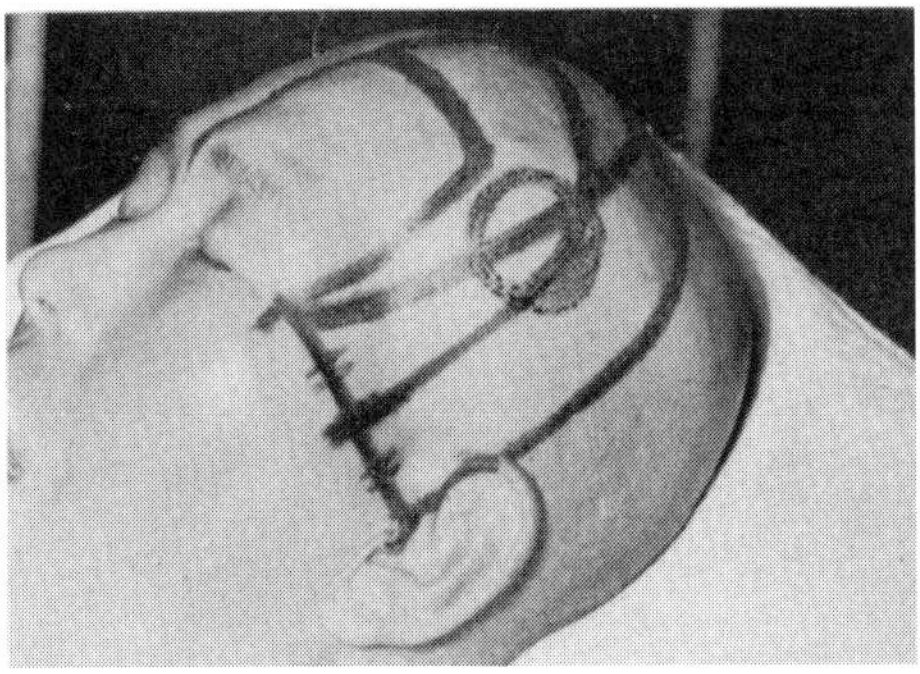

日本の書籍『ロボトミーと側頭葉切除術（1957年刊行）』に掲載されたロボトミー手術の手順。書籍の「はしがき」には「手術方法が余りにも軽視せられ、外科手術の基礎的訓練の無い者でも容易に行うが如き感を有し」と記されており、正確な手順を指南する内容となっている

フリーマンが精神疾患を外科手術で治療したことは、「医学界において、ここ数十年で一番の革新」とたちまち話題になった。フリーマンのもとには、精神疾患に苦しむ患者やその家族が次々とおしよせた。

第1次世界大戦後になると、アメリカでは心に傷をおう精神患者が激増し、その数は50万人をこえていた。フリーマンはこれら大量の患者をさばくため、手術の簡略化をはかった。そうして開発

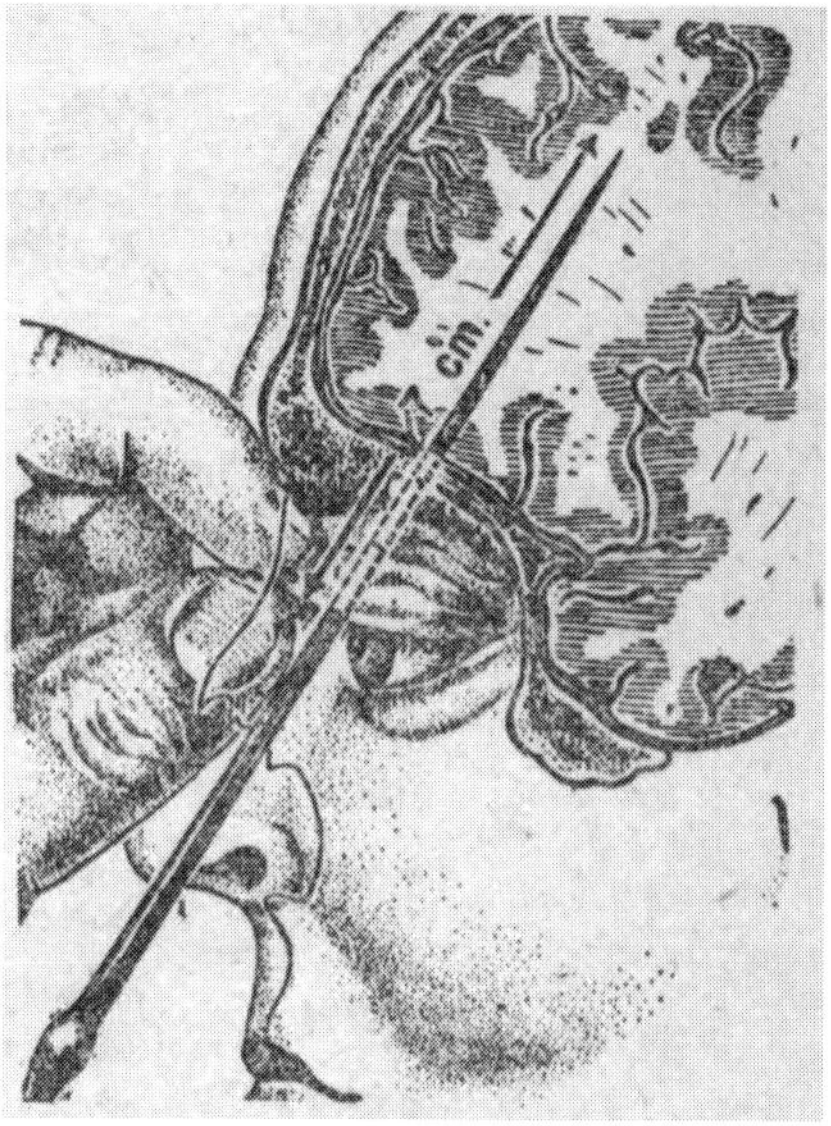

経眼窩ロボトミー手術の図解
（画像引用：『ロボトミー：主としてその適応に就て』
医学書院刊行／1951年）

されたのが、「経眼窩《けいがんか》ロボトミー」だった。

麻酔の代わりに電気ショック装置を使って患者を昏睡状態にし、**アイスピックを上まぶたの裏に突っ込み、軽くハンマーでたたいて眼窩《がんか》の薄い骨を破り、脳まで達すると、神経組織をかき切る。**片目の手術は10分ほどで、両目を行う。目の周りにあざができたが、成功すれば、暴れていた患者がすぐに大人しくなるなど症状は劇的に改善された。

別名**「アイスピック・ロボトミー」**ともよばれたこの手術は、手術室ではなく診療所で、しかも脳を見たこともない精神科医でさえも簡単にできるものだった。相棒のワッツは、最初からこのおぞましい手術に反対していて、フリーマンのもとを去っていった。

フリーマンはやめるつもりなどない。彼は「アイスピック・ロボトミー」を普及させるため遠征に出た。「ロボトモビル」という名の愛車に乗り、全米23州、55の病院を訪問。精神患者であふれる精神病院では、フリーマンは「救済者」として歓迎された。フリーマンは、ロボトミーの公開デモンストレーションを行い、ロボトミーの手法を精神科医たちに伝授した。

1949年、ロボトミーの産みの親ともいえる**モニスがノーベル生理学・医学賞を受賞する。**この受賞を後押ししたのが、フリーマンだった。ノーベル賞のお墨付きをえたことで、ロボトミーはいまや世界中で認められ、爆発的に普及した。

犯罪者の矯正手段に悪用される

ところが、巷ではロボトミーの重篤な副作用の問題が徐々に顕在化しはじめていた。

治療を受けた患者のなかには、落ち着きを取り戻すのとひきかえに、**豊かな感情や物事をやり遂げようとする意欲を失い、虚《うつろ》な目で廃人のようになる人が少なくなかった**のである。フリーマンは、「狂人が正気に戻った」と治療の成功を強調したが、脳を切って取り返しのつかないことになったと後悔する患者やその家族があらわれた。

のちに大統領となるジョン・F・ケネディの妹、ローズマリー・ケネディもそのひとりだ。

彼女は23歳のときに強制的にロボトミー手術を受けさせられてから、人格が破壊され、重い後遺症を患っていた。亡くなるまで60年あまり、養護施設に隔離され、家族とも引き離されていた。

さらにロボトミーにとって打撃となったのは、画期的な治療薬が登場したことである。それが1954年にアメリカで認可された、**抗精神病薬のクロルプロマジン**だ。この薬は、統合失調症などの症状に対してロボトミー以上の効果があるといわれた。ロボトミーの副作用を問題視していた医師の多くは、これ以降、急速に薬物治療へと移行していく。

焦ったフリーマンは、新たなニーズの掘り起こしをはかった。それまでは症状が重篤な患者への最後の手段としていたものを、初期段階の治療にも有効であると拡大解釈したのだ。

ロボトミーの患者のなかには、子どももいた。暴力的な振る舞いをするという12歳の少年を手術したこともある。彼はその後も生き続けたが、なにをするにも意欲がなくなってしまったという。ただの思春期の少年が、彼を嫌っていた義母の依頼によって脳を切られてしまったのである。

一方、ロボトミーは矯正手段としても利用された。一部の州の精神科病院では、犯罪者や同性愛者にロボトミーが施されていた。これはフリーマンでさえ把握していなかったことだ。そうした実態を描いたのが、1962年のケン・キージーの小説『カッコーの巣の上で』である。同書はベストセラーとなり、のちにジャック・ニコルソン主演で映画化もされている。

あらゆる問題が噴出したロボトミー手術は、多くの病院で禁止されていった。最後まで手術を許可していたカリフォルニア州バークレー市のヘリック記念病院も、1967年、ロボトミーを受けた患者が死亡したことをうけ、許可を取り消し、全米からロボトミー手術はなくなった。

その翌年、フリーマンはふたたび全米をめぐる旅に出た。ロボトミーを行った患者を訪ね歩くためだ。フリーマンは生涯に3500回近くのロボトミー手術を行っているが、この旅で、600人の患者の消息を確認。そのうち3分の1以上の230人が退院していて、142人が入院中、235人がすでに亡くなっていた。彼はこの調査を論文にまとめ、さいごまでロボトミーの成果を世に訴えようとしていた。そして、その4年後に76歳で亡くなった。

ロボトミー手術は、日本も含め世界中で実施されていたが、非人道性が強く批判され、もはや実施されていない。ちなみに、モニスのノーベル賞は「史上最悪のノーベル賞」といわれていて、ロボトミー手術の被害者団体は授賞を抹消するよう何度も働きかけている。

No.22

「アメリカ精神医学の父」の治療は、ほとんど虐待だった

ベンジャミン・ラッシュ

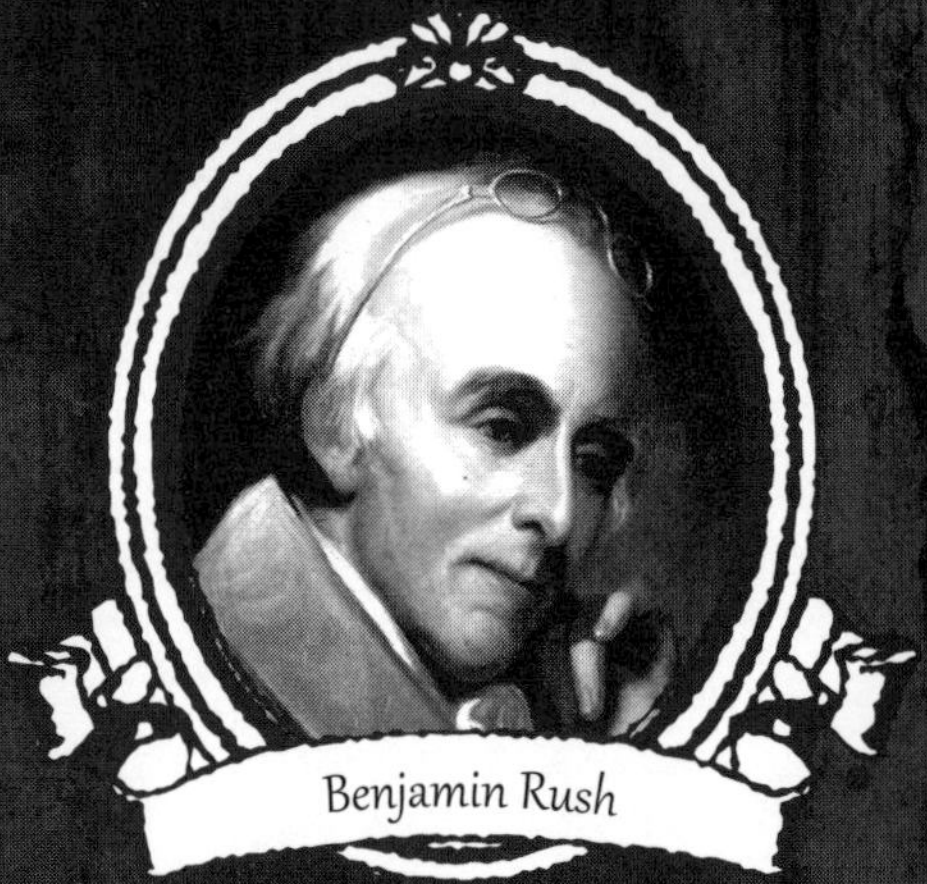

1745 ～ 1813 年。
アメリカの医師。エディンバラ大学医学部卒業。
ペンシルヴェニア大学医学部の臨床医を務めながら、精神疾患の治療に従事。「アメリカ精神医学の父」といわれる。

アメリカの医師ベンジャミン・ラッシュは、建国期のアメリカの発展につくした偉人である。独立宣言に署名するほか、独立戦争にも従軍した。しかし肝心の医療の面では、前時代的な瀉血をしたり、精神病患者に拘束的な処置をするなど、おぞましい面が見え隠れする。

水銀と瀉血《しゃけつ》を駆使した「劇的療法」を考案

１７４５年、ラッシュはペンシルヴェニア州のバイベリーに生まれた。鉄砲鍛冶《てっぽうかじ》職人だった父は彼が6歳のときに亡くなったため、ほとんどは叔父のもとで教育をうけて育った。

医師を志したラッシュは、スコットランドのエディンバラ大学医学部に入学する。大学卒業後、ロンドンやパリを旅して現地の知識人との人脈をきずき、１７６９年に帰国。地元で開業しつつ、フィラデルフィア大学（現・ペンシルヴェニア大学）に新設されたばかりの化学の教授となった。

アメリカは**イギリスからの独立**にむけて騒がしくなりはじめていた。ラッシュも反イギリス抵抗運動に加わる。彼の強みとする知識人仲間の人脈をいかして政界に進出し、独立戦争がはじまった１７７５年、植民地代表者でつくる大陸会議の議員となった。

１７７６年7月2日、大陸会議は独立宣言案を投票によって成立させ、4日に公表。8月2日、彼はペンシルヴェニアの代表として署名した。独立宣言に署名した人物のなかで医者だったのは、ラッシュだけである。

その年の12月から翌年1月にかけて、フィラデルフィア民兵軍の医師（大陸軍中部地区軍医監）として従軍し、プリンストンの戦場で第2回トレントンの戦いに参戦した。

1776年6月、第2回大陸会議において、アメリカ独立宣言の草稿を
提出する場面を描いた絵画（ジョン・トランブル画／1818年）。
後列で椅子に座る人物の中にベンジャミン・ラッシュも描かれている（拡大図）

１７８３年の終戦後は政治の舞台からおり、開業医として患者を診るほか、大学で医学生の指導をした。また、黒人奴隷制撤廃や禁酒、刑務所改革、女性の教育改善を訴えるなど、社会改革者としても活動した。

医療におけるラッシュの代名詞といえるのが、**「劇的療法」**である。この劇的療法は、黄熱病の治療法を探るなかで生まれた。

１７９３年の夏、フィラデルフィアで黄熱病が猛威をふるった。人口約５万５０００人のフィラデルフィアで５０００人以上が亡くなり、首都機能は麻痺し、３分の１以上の市民が逃げだした。

ラッシュは首都にふみとどまって黄熱病の治療にあたったが、従来の治療法はまったく通用しない。さまざまな治療法を試みるなか、ラッシュは「劇的療法」にたどりつく。それは、**水銀や蔓草《つるくさ》といった下剤を投与することによって体内の老廃物を取り除くとともに、瀉血《しゃけつ》を繰り返すことで病気の回復をうながす**というものだった。「瀉血」とは、人体の血液を外部に排出させるもので、中世以降のヨーロッパで盛んに行われていた治療法だ。

エディンバラ大学時代、恩師ウィリアム・カレン医師から、熱病の原因は血管のはたらきや神経システムの不良にあると学んでいた。ここからラッシュは、あらゆる病気は外界の刺激によって血管のはたらきになんらかの異常がおきることが原因であると考えた。血管のはたらきを正常にもどす手段として、下剤の投与と瀉血にいきついたのである。

17世紀ヨーロッパにおける瀉血
（エフベルト・ファン・ヘームスケルク画／1669年）

ラッシュは瀉血をどんどん増やしていった。「治療効果は絶大だった」と書き記している。たとえば、あるイギリス人の患者に対し、6日間で12回、144オンス（約4リットル）の瀉血をし、蔓草と150グラムの水銀を処方したと記している。

劇的療法に対しては、「ヨーロッパの伝統的な医学理論を無視した、独善的なものだ」という批判もあったが、ラッシュはやめようとはしなかった。それどころか、自らの治療法を「医学のアメリカン・システム」として確立し、医学生を通して全米に広めていったのである。

患者を旋回器で振り回し、鎮静椅子に固定

彼は1787年より精神病患者の治療も担当している。じつはペンシルヴェニア病院は、精神病患者を収容・治療することを目的にアメリカで最初につくられた病院だったのである。それまで精神病患者というのは「狂人」とくくられ、放置され、医療の対象になっていなかったが、社会的要請から、病院に収容して治療する流れとなっていた。ただ、精神病患者への治療にはこれといったマニュアルやノウハウもなく、ある意味、ラッシュの独壇場となる。

ラッシュはまず彼らの生活環境を見直すことからはじめた。それまでの居室は換気が悪く、風邪をひきやすく、最悪の場合、肺炎で亡くなることもあった。そこで州議会の認可をとりつけ、別棟をつくらせ、より広く快適な居室をあたえた。

また、彼らの散歩や会話の相手として、看護士をつけた。看護士の配置は、監視員から侮辱的にあつかわれることを防ぐ目的もあった。さらに、外部からの訪問を禁止する提案もした。これも患者を好奇の目から守るねらいがあった。

これだけ見ると、ラッシュは人道的に精神病患者をあつかう努力をしていたように思える。ところが、治療の現場をのぞいてみると、ラッシュという医者の恐ろしい暗黒面が突如としてあらわれてくる。

前述のように、彼の医学理論の根本は、あらゆる病気の原因は外界の刺激がひきおこす血管のはたらきの異常、というものである。これを素直に精神の病にあてはめると、原因は脳の血管のはたらきの異常ということになる。では、どのように治療するのか？　ラッシュは、「身体にむけた治療法」と「精神にむけた治療法」という2つの方向からアプローチした。

「身体にむけた治療法」は、彼が得意とする「劇的療法」をそのままやればいいだけだ。下剤を処方し、瀉血を繰り返す。一方、無気力性精神病患者のためには特別な器具を考案した。それは**「旋回器」**というもので、板に患者を縛りつけ、つま先を中心に回転させる。**遠心力によって頭部に血液が集まることで治癒効果があると考えた**。ラッシュはこの治療法を実際に3回試みたようで、そのうち2回は患者の脈拍があがったと報告している。

「精神にむけた治療法」には、作業療法やショック療法をすすめた。

作業療法としては、かんたんな労働をする。麦の刈り取りや機織り、庭の穴掘り、板材の裁断、かんながけなどである。ひき臼をまわすなど、まわす作業はとくに効果があるとした。乗馬や馬追い、狩猟、ブランコ乗り、輪投げなどの運動、チェスなどの娯楽も推奨した。

ミズーリ州・グローレ精神医学博物館に
展示されている「鎮静椅子」
（©David Becker/CC BY 2.0）

ショック療法としては、患者に恐怖や苦痛をあたえる。これにはいくつか事例をあげている。たとえば、**自分が死んでいると思い込んでいるうつ病の患者に、死因を調べるために「解剖しよう」とつぶやいたところ、たちまち治った**という。また、無気力性精神病の患者が近隣の家に逃げ込んだとき、家人から鞭打ちをうけ、こちらも症状が改善したという。

ショック療法の一種といえるのが、シャワー療法だ。温水浴をさせた患者に、冷水のシャワーをあびせる。新設した別棟には冷水浴と温水浴の施設があり、ここでシャワー療法が行われた。

こうした治療で効果がなければ、より過激な治療にすすむ。

その1つが**「鎮静椅子」**だ。患者は胴体を革ひもで椅子に固定され、頭部も木枠で固定され、腕や手、足も固定される。座面には穴が空いていて、その下には取り外し式の便器がある。椅子自体も床に固定されているので、患者はまったく身動きがとれない。

治療する側には都合がよかった。頭に冷水をかけたり、足を温水に浸《つ》からせたり、脈をとったり、吐剤を投与したり、瀉血をするという治療が自由にできる。

患者にとっては、筋肉の運動が妨げられるので頭部も含めた全身の血圧を下げる効果があるといい、また、そのまま眠ることもできる。ラッシュはこのように考えたのだが、**これはほとんど拷問器具でしかない**だろう。

そのほかにもラッシュは恐ろしい治療法を考えている。好きな食べ物をあたえない、服の袖から冷水を注ぎ込む、冷水シャワーを20～30分つづけて死の恐怖をあたえる、患者を立ったままにして眠らせない、暗闇に閉じ込めて恐怖を覚えさせる、などである。

ここまでくると、もはや人道主義者としてのラッシュの面影はみあたらない。「アメリカ精神医学の父」とよばれるラッシュのなかに、「虐待」という概念がなかったことはたしかだろう。

No.23

「静止宇宙」に固執したアインシュタイン、最大の過ち

アルベルト・アインシュタイン

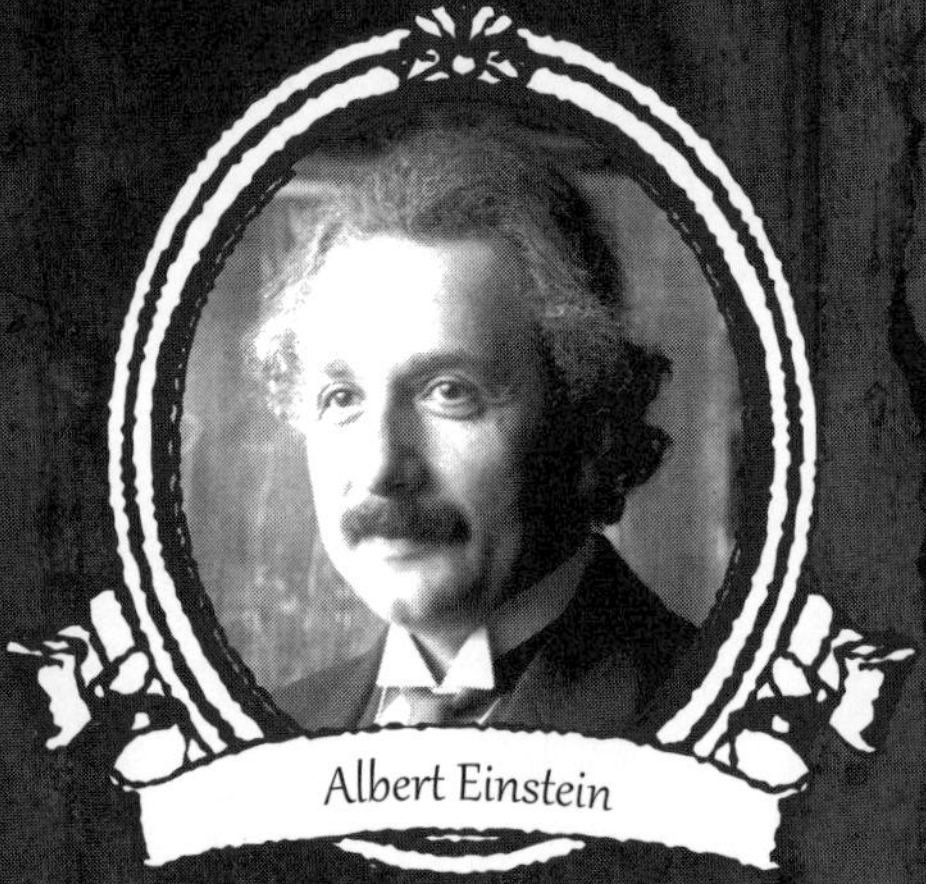

1879 ～ 1955 年。
理論物理学者。ユダヤ系ドイツ人。特殊相対性理論、量子仮説、一般相対性理論などを発表し、1921 年ノーベル物理学賞を受賞。1933 年、アメリカに亡命。

宇宙は一定の大きさを保っていて、ふくらんだり縮んだりしない。かつて、だれもがそう信じていた。科学界のスーパースター、アインシュタインでさえも……。

ところが、彼自身が唱えた一般相対性理論の方程式を宇宙にあてはめて計算すると、宇宙は縮んでつぶれてしまうという結果が導きだされた。するとアインシュタインは天才的なトリックをほどこし、科学界を混乱に陥れることになった。

—「静止宇宙」に固執したアインシュタイン、最大の過ち
アルベルト・アインシュタイン

一般相対性理論のジレンマ

１９０５年、スイスのベルンの特許局で単調な事務仕事をしていた26歳のアインシュタインは、暇さえあれば頭のなかで思考実験をしていた。

「自分が光を追いかけて、もし光に追いつくことができれば、空間で停止した光を観察することができる。でも、光が停止すれば、もはやそれは光ではない。**光というのは、遅くなったり速くなったりすることなく、つねに速度は一定である。**それが光の性質なんだ」

アインシュタインは、この「光速度不変の原理」を前提に、新しい真理にたどりついた。

「光の速度が一定ならば、時間が変化しなければならない。光の速さに近づくにつれ、自分の時間がどんどんゆっくりになる。つまり、時間というのは伸び縮みするものなんだ」

こうして**「速く動くほど、時間はゆっくり流れる」という「特殊相対性理論」が打ち立てられた。**

さらにアインシュタインは１９１５年から16年にかけて「一般相対性理論」を完成させた。これは「重いものほど、周囲の空間や時間が大きく曲がる」という法則だった。

一般相対性理論から、星の光は太陽によってまがることが予測された。１９１９年、ケンブリッジ大学の天文学者アーサー・スタンレー・エディントン（Ｐ１０３参照）は、南半球の皆

既日食を観測し、太陽が月に隠れているときの星の位置が夜に見える星の位置とずれていることを確かめた。その値は、相対性理論の予測値とほぼ一致した。これによって一般相対性理論の正しさは証明され、アインシュタインは一夜にして時の人となった。

しかし、そんな天才アインシュタインを悩ます問題があった。一般相対性理論を宇宙全体にあてはめて計算してみると、宇宙空間は収縮してつぶれ、終わりを迎えるという結果になったのだ。

「そんなはずはない。**宇宙の大きさは変わらないはずだ**」

アインシュタインは、自分が作った一般相対性理論の方程式に手を加えることにした。宇宙空間がつぶれないようにする**「斥力《せきりょく》（押し返す力）」**があると考え、「Λ《ラムダ》」を加えたのだ。

こうして1917年、アインシュタインの**「静止宇宙モデル」**ができあがった。このとき一般相対性理論の方程式に加えた斥力は「宇宙項（宇宙定数）」とよばれた。アインシュタインが自分の方程式に加えたものなので、「宇宙項」に疑いをもつ者はいなかった。

しかし、宇宙空間に斥力がはたらいていることを示す観測的な証拠などひとつもなかった。

「キミの物理はいまわしい！」

アインシュタイン方程式

$G_{\mu\nu}$ + **Λ《ラムダ》$g_{\mu\nu}$** = $\kappa T_{\mu\nu}$

【宇宙項】

空間がどのように曲がっているかを表す　　**エネルギーの密度を表す**

アインシュタインの宇宙項

オランダ人の天文学者ウィレム・ド・ジッターは、アインシュタインの「静止宇宙モデル」が発表されてからわずか7週間後、自らの計算にもとづき**「ド・ジッター宇宙」**とよばれるモデルを発表した。それは、**宇宙が指数関数的に膨張する**というものだった。

アインシュタインは、ド・ジッターの計算に間違いがないか探ったが、これといっておかしなところが見つからなかった。

「静止宇宙モデル」と「ド・ジッター宇宙」のどちらが正しいのか？　論争がはじまった。

すると、アインシュタインを苛立たせる論文が意外なところからあらわれた。1922年、ロシアの数学者アレクサンドル・フリードマンが、宇宙項のない一般相対性理論の方程式を使って計算し、**「宇宙は膨張したり収縮したりする」**と述べた論文『宇宙の曲率について』を発表したのだ。

ウィレム・ド・ジッター
（1872～1934年）

アレクサンドル・フリードマン
（1888～1925年）

この論文は、ドイツの権威ある物理学誌『ツァイトシュリフト』に投稿されたのだが、このとき論文を審査する審査員に選ばれたのが、たまたまアインシュタインだった。論文を査読したアインシュタインは、「彼は計算を間違えている。それを修正すると、宇宙は膨張なんかしないし、時間的にも変化しない」と言って、論文掲載を拒否した。

するとフリードマンは、アインシュタインに手紙を書き、自分の計算結果を改めて説明した。アインシュタインは自分が間違っていたことを認めざるをえず、論文は掲載される運びとなった。しかし**アインシュタインはなおも食い下がり、フリードマンの論文は「数学的には正しいかもしれないが、宇宙が膨張や収縮をすることは物理的にはありえない」との一文を添えようとした**。ただ、これは刊行前に削除されたようである。このエピソードからは、静止宇宙モデルの牙城を守ろうとなりふり構わず戦うアインシュタインの様子が伝わってくる。

そんなアインシュタインにとって幸運だったのは、フリードマンが１９２５年に急死したことである。厄介な膨張宇宙に関する論文の続報が打たれる可能性が、1つ消えた。

ところが、アインシュタインを不快にする若造が、また彗星のごとくあらわれた。それが**ジョルジュ・ルメートル**である（P102参照）。ルメートルは、ハッブルから手に入れた星雲に関する天文学的観測データと一般相対性理論を一致させる作業をし、1927年、膨張宇宙モデルに関する論文を発表した。この論文自体はひっそりと公表されたにすぎなかったが、アインシュタインに直接つきつけられることになる。

1927年10月、ベルギーの首都ブリュッセルで開かれた第5回ソルベイ会議——。この会議に出席したアインシュタインは、議長のひとりであるテオフィル・ド・ドンデから、ルメートルの論文を見せられ、ルメートル本人と会うはめになったのだ。

すると**アインシュタインはルメートルに、「キミの計算は正しいが、キミの物理はいまわしい」と言い放った**という。このエピソードは、ルメートルがのちに回想していることだ。

アインシュタインは、自分の権威を振りかざして、ルメートルの主張を強引に封じ込めようとしていたのである。ルメートルはこのときの体験がトラウマとなり、それから何年も自分の成果を積極的に発信することができなくなったと

ジョルジュ・ルメートル
（1894～1966年）

ジョージ・ガモフ
(1904～1968年)

いう。

それから2年がたったころ、ハッブルが、星雲が実際に遠ざかっているという観測結果を発表した。もはや宇宙が膨張していることは疑いようもないことだった。

アインシュタインは白旗をあげる。1931年の論文で、**「Λ項がないほうが、相対性理論はハッブルの新しい観測結果をより自然に満たせるようだ」と記し、正式に宇宙項を削除した**。

のちに、ビッグバン宇宙論を唱えたジョージ・ガモフは、「アインシュタインは方程式に宇宙項を導入したことは〝**最大の過ち**〟だったと悔やんでいた」と伝えている。ただ、アインシュタインが本当にそんなことを言ったのかは確かめられていない。ガモフが話を盛った可能性もある。

ところで、アインシュタインの宇宙項は完全に消滅したわけではない。

1998年、「宇宙には真空のエネルギーが満ちていて、それによって宇宙は加速度的に膨張をはじめている」という研究結果が発表された。**「真空のエネルギー」とは、物質も光も存在しない空っぽの空間がもつエネルギーのこと**。エネルギーをもつ以上、ある種の力が存在していることを意味する。その力が「斥力」ならば宇宙は加速度的に膨張する。この**真空のエネ**

ルギーがもつ斥力が、数学的に表すとアインシュタインの宇宙項になるという。宇宙項は「静止宇宙モデル」を説明するために導入されたが、いまや加速膨張する宇宙を説明するために復活したのだ。

じつはルメートルやエディントンは、当時からΛを消すべきではないと主張していて、完全な誤りとは見ていなかった。アインシュタインは宇宙項を導入したことを「最大の過ち」と後悔したかもしれないが、彼の恐るべき天才性はその過ちのなかにさえ潜んでいるのかもしれない。

No.24

頽廃的薬物注射で何度もヒトラーを蘇生させた

テオドール・モレル

1886～1948年。
ドイツの医師。ベルリンに医院を構え、ビタミン注射を使った医療で上層階級の顧客を独占。ヒトラーの主治医となる。戦後は米軍の監禁、尋問を受ける。

世界を恐怖におとしいれたナチスのヒトラー。じつは大戦中の彼は、ひどく健康を害し、身体のあちこちに痛みをかかえていた。そのヒトラーの健康を奇跡的に支えていたのが主治医のテオドール・モレルである。モレルはヒトラーの身体になにをしていたのか？

「患者A」をビタミン注射の虜に

モレルはもともとベルリンで皮膚病と性病を専門とする医院を開いていた。

1933年、ナチ党に入党すると、なぜか突然繁盛するようになり、手狭となった医院を大きな建物の一室に移転した。そこにレントゲン装置や温熱治療器などの設備をとりそろえ、最新の医療を提供した。すると政界や財界の大物、学者、俳優らからも人気になった。

たしかにモレルには患者を虜にする武器があった。**ビタミン注射**である。当時はまだビタミンという物質についてほとんど知られていなかったが、モレルはビタミンの効用に気づいていた。**栄養不足の症状にある患者にはためらうことなくビタミン注射を打ち込み、劇的に回復させたのである**。モレルは巨大な注射針を痛みなく刺す技術ももっていた。

モレルの噂はミュンヘンのナチ党にも伝わった。1936年、ナチ党本部からよびだしをうけたモレルは、ヒトラーの専属カメラマンであるハインリヒ・ホフマンを治療し、回復させた。するとその手腕が評価され、ヒトラーの山荘に招かれた。

じつはヒトラーはかなり健康を害しており、数年来、胃腸が悪く、食事をすると満腹感に襲われ、両脚には湿疹ができて包帯をして歩いていた。モレルはヒトラーの不調の原因を腸内細《ちょうないさい》菌叢《きんそう》（腸内フローラ）の異常による消化不良と診て、ムタフロール（非病原性大腸菌株）を処方した。するとヒトラーの症状はみるみる改善した。そして当然のようにビタミン注射もほどこし、身体の活力を高めた。**ヒトラーは即効性のある治療をするモレルを気に入り、主治医に任命した**。これ以降、ヒトラーは毎日何本もの注射をするのが当たり前となる。重要な演説があるときには、事前に「充電用の注射」を打ってからのぞむようになった。

モレルはヒトラーのことをノートに**「患者A」**（アドルフの「A」）と記していたが、「患者A」から離れることはできなくなった。ベルリンの医院には院長代理をおいた。

ヒトラーの周辺の人間は太った禿げ男のモレルをバカにしていたが、それでもヒトラーはモレルを擁護しつづけ、１９３８年、彼に名誉教授の称号をあたえている。

多剤薬物依存で自己免疫障害に

１９４１年６月、独ソ戦争がはじまる。ヒトラーは総統大本営ヴェアヴォルフで指揮することが多くなった。**この頃からヒトラーの健康状態は、ストレスからか目に見えて悪化した**。いつもぐったりしていて、ビタミン注射も効かなくなった。

モレルは総統の不調の原因を探るよりも、なんとかその日を満足して過ごしてもらうことを優先した。新陳代謝促進剤のトノフォスファン、筋肉増強剤のホモセラン、男性ホルモンのテストビロンなど、さまざまな薬剤をとっかえひっかえ注入した。薬物の量や組み合わせによる弊害などは深く考えなかった。やがて**薬物を集中的に投与したことでヒトラーの身体に耐性が生まれ、毎日の薬剤の量は増えることはあっても減ることはなくなった**。

1943年2月、ドイツはスターリングラードでソ連軍に大敗。戦局は急速に不利になった。ヒトラーは以前にも増して老け込んだようになり、うつろな目になった。そして同年7月18日、連合国軍がシチリアに上陸。同じファシズム国家のイタリアも追い詰められていた。

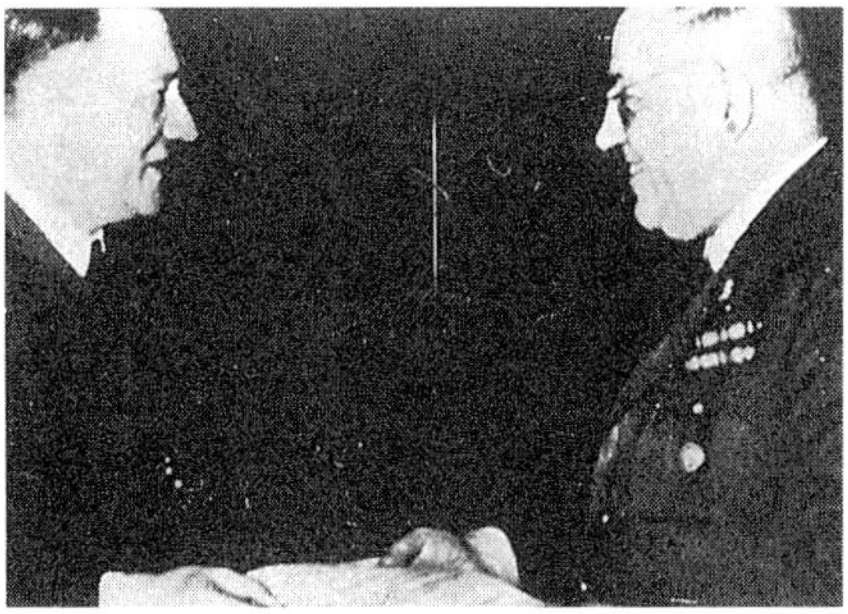

ヒトラーの担当医となったモレル（右）
（画像引用：『ヒトラー』サンケイ出版刊行／1984年）

その夜のことだ。ヒトラーは高熱と急激な腹痛に襲われた。どの注射を打っても効果がない。ムッソリーニとの会談に向かう出発時間が迫る。モレルは最後の切り札としてとっておいた、**オイコダール**を使うしかないと考えた。「薬物の女王」とよばれ、ずば抜けた効き目をもたらす夢の新薬だった。モルヒネの2倍の鎮痛効果があり、ヘロインを圧倒する多幸感をもたらす。ただし依存性は高い。

オイコダールを注射すると「患者A」はたちどころに蘇り、気分が高揚した。このときのムッソリーニとの会談では、ヒトラーのテンションが異常に高かったことは当時のすべての証言において一致している。モレルの記録では、**ヒトラーは1944年末までに24回、オイコダールを注射している**。記録には「X」「いつもの注射」などの記述もあるが、おそらくこれもオイコダールのことと考えられる。実際にはかなりの回数を注射していたのだろう。

1944年7月20日、ヴォルフスシャンツェの戦況会議中に爆弾が爆発した。ヒトラー暗殺未遂事件である。ヒトラーは無事だったが、爆発の衝撃で何メートルも吹き飛ばされ、両耳の鼓膜が破れた。耳鼻咽喉科の専門医エルヴィン・ギージングが診断し、鼓膜の損傷による痛みを抑えるためにコカインを処方した。するとヒトラーは**「頭がかなりすっきりした」と言って、コカインも気に入ってしまう**。耳の治療が終わってもコカインの服用がつづいた。

こうしてヒトラーはオイコダールとコカインの完全な依存症におちいったのである。

じつはナチス政権前のドイツは、依存性の高い薬物を処方箋なしで手に入れることができたので、薬物常習者が増えていた。それに対しヒトラーは、**薬物を「ユダヤの頽廃《たいはい》毒物」などとよんで批判し、薬物撲滅政策を進めていた**。ヒトラー自身も薬物を使わない健全なる指導者というイメージをつくりあげた。ところが実際には、**ヒトラー自身が多剤薬物依存となっていたし、戦場の兵士たちにも覚醒剤を大量に服用させていたことがわかっている**。

1944年末になると、ヒトラーは手の震えがとまらなくなった。ヒトラーはこれを隠すため、いつも手指を上着のポケットに突っ込んでいた。ヒトラーは薬物乱用により自己免疫障害になっていたと考えられる。モレルの１９４５年４月のメモには、パーキンソン病の可能性が記されている。

あまりにも頻繁に注射針を刺したため、ヒトラーの静脈の上の皮膚は炎症をおこしていた。モレルは注射をしばらく見合わせようと提案したが、ヒトラーがうなずくはずもなかった。

１９４５年１月、ヒトラーたちはベルリンの総統官邸の地下に建造された総統地下壕に入る。２月、ベルリンには爆弾が落とされ２万２０００人が死んだ。地下壕の薬物の在庫は空になり、患者に提供できる注射がなくなった。**ヒトラーは離脱症状をしめし、震えがひどくなり、急速に身体の衰えが目立つようになった**。４月16日、ベルリンへの直接攻撃がはじまった。翌日、用なしとなったモレルは、ヒトラーから「さっさとここから出ていけ。今後、私を見ても知らないふりをしろ」と言われて追放された。４月30日、ヒトラーは恋人エヴァ・ブラウンとの婚礼を行ったあと、青酸カリをのんだうえで、ピストル自殺におよんだ。

モレルは潜伏先で見つかり、まもなく米軍の捕虜となり、尋問をうける。米軍は、ヒトラーの健康悪化はモレルが毒をもったからではないかと見ていたが、結局、モレルにそのような意図はなかったという結論になる。釈放後、病院に収容されたモレルは１９４８年に亡くなった。

モレルは毒殺を企てたわけではない。ありとあらゆる薬剤を駆使して弱りきったヒトラーを何度も蘇らせた、悪魔的な主治医だったのである。

No.25

ブラックホール研究の物理学者は「原爆の父」となる

ロバート・オッペンハイマー

1904～1967年。
アメリカの理論物理学者。ケンブリッジ大学で量子力学を研究。原子爆弾開発の極秘計画「マンハッタン計画」の責任者。プリンストン高等研究所所長。

科学は軍事技術と結びつくことがある。とくに戦争の時代には科学者の多くが少なからずむずかしい選択をせまられた。そうしたジレンマを生きた科学者の象徴ともいえるのが、ロバート・オッペンハイマーである。彼はなにを思い、原爆開発の隘路《あいろ》にはまり込んでいったのか。

ブラックホールの論文発表日に大戦勃発

1904年、オッペンハイマーはドイツ系ユダヤ人の裕福な家庭に生まれた。住まいはニューヨークのマンハッタン島ウェストサイドの高級アパートで、なに不自由ない少年時代をすごした。

成績は優秀だが、心身ともに繊細なところがあり、急激な体調悪化から予定していたハーバード大学の入学は1年おくれた。体調を回復させ、大学に入ると、4年の学部課程を3年で卒業。ただ、専攻した化学は実験室での実験がむかないことを悟り、進路を変更する。

彼が目をつけたのは、ヨーロッパで革命的に進展していた**理論物理学**だった。イギリスのケンブリッジ大学にすすみ、量子力学の世界にのめりこんだが、精神的に不安定になり、突然、友達の首をしめようとしたり、叫び声をあげたり、失神してたおれることもあったという。それから当時の量子力学のメッカであるドイツのゲッチンゲン大学にうつり、ニールス・ボーアなどの物理学界の巨人たちから学んだ。無事に博士号を取得し、1929年にアメリカに帰国する。

本場ヨーロッパで量子力学の発展にかかわったオッペンハイマーは、カリフォルニア大学バークレー校の助教授としてむかえられた。背丈が高く、美しい青い目をし、美術への造詣が

1938 年、カリフォルニア大学放射線研究所のメンバーと映る写真。
オッペンハイマーは最上段中央の、パイプを持った人物

深く、サンスクリット語まで理解する彼は、このころには十分なカリスマ性をそなえていた。

彼の学問上の最大の業績は、**ブラックホール理論**である。

１９３８年、物理学者のハンス・ベーテが、恒星内部の核融合により水素がヘリウムに変換され、それが**核エネルギー**を発生させるという論文を発表する。これに触発されたオッペンハイマーは、**恒星の生涯のうちの最後の瞬間になにがおきるか**を研究した。

天文学者のフリッツ・ツヴィッキーは、**質量の大きな恒星が爆発し崩壊するとき、原子核のなかの**

陽子と電子が合体して中性子となり、高密度な中性子星ができると予測した。するとオッペンハイマーは、一般相対性理論を使って計算し、ツヴァッキーの予測が正しいことを証明した。

さらに彼は、スブラマニアン・チャンドラセカールが白色矮星に質量の限界があることを発見したように（P118参照）、中性子星の質量の上限を求め、太陽の質量の1・5倍から3倍程度と見積もった。

では、それよりも質量の重い恒星はどうなるか？ **ある密度まで圧縮されると崩壊をとめるものはなく、猛烈な重力により光は見えなくなり、恒星は視界から消え、重力場だけが残る**。

オッペンハイマーは、こうして**ブラックホールの生成過程**をはじめて説明したのである。

この論文『継続する重力収縮』は、『フィジカル・レヴュー』誌の1939年9月1日号に発表された。ところが、科学界からほとんど注目されることはなかった。

その日、ナチス・ドイツがポーランドに侵攻し、2日後、第2次世界大戦が勃発したからである。

原爆の国際管理を訴える嘆願書には署名せず

1942年8月、アメリカの原爆製造計画**「マンハッタン計画」**が本格的に立ち上がる。背景には、ドイツの空爆をうけて原爆開発を断念したイギリスからのはたらきかけや、ドイツよりも先に原爆を開発しなければならないという要請があった。それまでは大学の研究所でばらばらに研究が行われていたが、それを軍のもとに移行してすすめることになった。

レスリー・グローヴス
（1896～1970年）

総責任者は、陸軍のレスリー・グローヴス准将である。**グローヴスは、開発のリーダーとしてオッペンハイマーを指名した**。当時、多くの科学者がレーダーの研究やロケットの研究にかりだされるなか、彼に断るという選択肢はなかっただろう。

オッペンハイマーは、完璧なリーダーシップを発揮する。それまで分散していた研究拠点を効率化と機密保持のために１か所に集中すべきだとうったえ、候補地としてニューメキシコの**ロスアラモス**を提案した。グローヴスは、「それなら軍人身分となり軍服を着ることになる」と言ったが、彼はすんなり受け入れている。ただ、軍人になることはほかの科学者らの反対により撤回された。

１９４３年４月、ロスアラモス研究所が開設され、所長のオッペンハイマーは家族とともに移り住んだ。人里から離れた台地のうえに形成されたこの研究所には、民間人４０００人以上、軍人２０００人以上が移り住み、人工的な１つの町となった。原爆開発の研究グループには、エンリコ・フェルミやジョン・フォン・ノイマン（P60参照）、リチャード・ファインマンといった世界最高級の研究者が集まり、これをオッペンハイマーがとりまとめる。

技術上の問題は、**兵器として核分裂の連鎖反応をどのように引き起こすか**だった。原料となる核物質（ウラン235またはプルトニウム239）は一定の質量（臨界量）をこえてはじめて核分裂の連鎖反応を引き起こし、膨大なエネルギーを放出する。

1つの方法は**「砲撃方式」**で、核物質の弾丸をもう1つの核物質の塊に発射し、臨界量をこえさせるというものだった。これは「リトルボーイ」とよばれ、ウランを積んで広島に投下される原爆となる。もう1つは**「爆縮方式」**で、核物質を詰め込んだパイプをもっと大きなパイプのなかに入れ、2つのパイプのあいだの隙間に装填した爆薬を爆発させてパイプをつぶし、核物質の濃度を圧縮させ、臨界量をこえさせる。この方式の爆弾は「ファットマン」とよばれ、プルトニウムを積んで長崎に投下される原爆となる。

爆破実験を何度もくりかえし、着々と原爆の完成が近づくなか、1945年初頭、ある嘆願書がルーズヴェルト大統領のもとにとどいた。「原子爆弾を実際に使用してその破壊力を証明してしまえば、アメリカ合衆国とソビエト連邦とのあいだに核兵器の開発競争がおきる」として、核兵器を国際的な管理のもとにおくように求めたものだった。**多くの科学者が署名していたが、そこにオッペンハイマーの名前はなかった。**

1945年８月、トリニティ実験の爆心地に立つ人物

そうこうしている間に、原爆のターゲットとしていたドイツが降伏する。もはや実験をつづける必要はないのではないか？　ところが、オッペンハイマーが受け取った命令は、開発の続行だった。アメリカの大統領はルーズヴェルトからトルーマンに変わっていた。

１９４５年７月６日早朝、世界初の原爆実験**「トリニティ実験」**が行われる。爆心地から９キロほど離れたシェルターから巨大なキノコ雲を見届けたオッペンハイマーは、古代インド叙事詩『聖なる神の歌』の一節、「我は死なり　我は世界の破壊者なり」とつぶやいたという。

そして８月６日に広島、９日に長崎……、原爆が投下される。気づいたときには「原爆の父」に祭り上げられていた。わきあがる称賛から逃げるように、10月、大学教授の職にもどった。

オッペンハイマーは原爆の惨状をどう思っていたのか？　このことはほとんど伝わっていない。ただ、戦後のオッペンハイマーははっきりとした立場を表明している。

彼は原子力委員会の一般諮問委員会の議長となり、**より破壊力のある水爆の開発に反対する意見書を提出している**。ところが、ソ連との冷戦構造のなかで水爆開発は急務となっていたことから、原子力委員会の委員長ルイス・ストラウスによって却下された。**オッペンハイマーは「共産主義のスパイ」とみなされた**。じつはオッペンハイマーに対しては、ロスアラモス時代からスパイ疑惑があり、警察やＦＢＩの監視下におかれていたのである。最終的に１９５４年の安全保障に関する公聴会でスパイ容疑は晴れたものの、機密情報へのアクセス権が奪われ、彼の名声は失墜した。名誉回復がはかられたのは１９６３年、エンリコ・フェルミ賞を受賞したときである。

１９６７年、オッペンハイマーは62歳で亡くなった。

じつは彼は１９６０年に、周囲の反対をおしきって日本を訪れている。「原爆をつくったことを後悔しているか？」という記者の問いにはこう答えている。

「原爆の技術的成功に関与したことについては後悔しておりません」

「しかし、胸が痛まないわけではない。ただ、今日の方が昨夜よりも痛いということは、ありません」

No.26

シリアル食の開発者、
根拠不明の医療マシーンを大量発明する

ジョン・ハーヴェイ・ケロッグ

1852 ～ 1943 年。
アメリカの医学博士。ケロッグ社の共同創始者で、
初代社長ウィル・キース・ケロッグの兄。バトルクリーク
療養所の所長として独自の健康法を展開する。

ジョン・ハーヴェイ・ケロッグは、コーンフレークの開発者として知られる。ただ彼がもっとも活躍したフィールドは、バトルクリーク療養所だった。そこで彼は禁欲主義的な健康法を推し進め、だれも見たこともないような奇抜な医療機械を開発し、患者たちに強制していた。

セレブのための療養所は菜食・禁酒・禁煙・禁欲

1852年、ケロッグはミシガン州のタイロンに生まれた。ニューヨークの医学校で学んだあと地元にもどり、1876年、バトルクリーク療養所の所長に抜擢された。

そこはセブンスデー・アドベンチスト教会が運営する療養所だった。セブンスデー・アドベンチストとは、19世紀のアメリカでおきたキリスト教の新宗派で、ケロッグも信仰していた。その教えには**禁欲主義的**な傾向があり、ケロッグは教会の方針にしたがいながら独自の治療法を開発し、**「バトルクリーク療法」**なるものを確立していった。

基本は**菜食主義**である。肉類は健康に害があり、また性的刺激をもたらすとして排除した。当然、**禁酒**である。**タバコ**も生殖腺を破壊するとして禁止。女性はコルセットを外し、男性はサスペンダーをゆるめるという**服装改革**もすすめた。

こうした食事制限や簡素生活により肥満や消化不良の患者を回復させていった。そもそも治療がむずかしいガン患者や瀕死の重症患者は断り、回復の見込みのある患者だけを受け入れたので成果は出しやすかった。当初はベッド数20ほどの貧相な療養所だったが、評判が評判をよび、やがて近代的な医療機関へと成長していった。

ケロッグは400の部屋をもつ6階建てのビルを建てる。それは病院と高級ホテルが一体と

ケロッグが拡大させたバトルクリーク療養所本館。1902 年に火事で焼失している
（出典：『The Battle Creek Sanitarium system : history, organization, methods』）

なった施設で、20人の常勤医師を含む千人の職員と300人の看護士・入浴介護人が患者の世話をする。ヨーロッパ風のスパやコンサートホールなどの娯楽施設まであった。

フォード社の創始者ヘンリー・フォードや発明家トーマス・エジソンなどの有名人も訪れたことで噂が広まり、**バトルクリーク療養所は健康回復のメッカとして知られるようになった**。

所長のケロッグは多忙を極めた。簡素生活を提唱しているにもかかわらず、朝4時から真夜中まで週7日、仕事をした。多数の本を執筆し、大学の学長やいくつもの組織の長をつとめ、そのあいだに患者の治療や外科手術をつとめた。

結婚はしていたが、自ら禁欲主義を極めたため、妻との性生活はなかったとみられる。そのかわり**孤児や捨て子をひきとり、42人の子どもがい**

た。彼らは療養所の看護士や職員のサービスをうけて育ち、学校卒業後は医者や看護師となってそのまま療養所で働く者もいた。

ケロッグは、療養所で提供するためのベジタリアン食品を熱心に開発した。

バトルクリーク療養所には実験キッチンがあり、ここでピーナッツバターやカラメルシリアルコーヒー、ブロトーズなどが開発された。とくに彼はナッツの支持者でもあり、人類を食糧危機から救うのはナッツであると信じていた。１８９６年には、主にピーナッツからつくった「ヌットース」という代替肉を商品化している。

有名なコーンフレークも、このキッチンで誕生している。

ケロッグは、**患者が消化しやすい食事としてパンの代替品**の試作をしていた。あるとき、あやまって小麦を放置し、乾燥させてしまった。そのまま患者に食べさせたところ、大好評である。そこで乾燥に適した穀物をいろいろためしたところ、**とうもろこしが最適とわかり、コーンフレークができた**のである。コーンフレークは１８８４年に特許申請された。

ケロッグは療養所ではたらかせていた弟ウィルにコーンフレークの特許をゆずり、バトルクリーク・トースティド・コーンフレーク社を設立させ、自らは社長兼最大株主として経営権をにぎった。ところが、ケロッグが医師やスタッフにわけあたえた株をウィルが買い占め、経営権をうばわれてしまう。以後、会社はウィルのケロッグ社となり、コーンフレークの味も砂糖が添加されて改変されていったという。

1日5回の浣腸を患者に強制

では、ケロッグはバトルクリーク療養所で具体的にどのような治療を展開していたのか？

彼が発明した医療機械とともに見てみよう。

彼がもっとも大々的に取り入れた治療法が腸内洗浄、つまり**「浣腸《かんちょう》」**である。彼は腸内細菌叢（腸内フローラ）をきれいに整えることで病気は治ると考えていた。

この治療法を思いついたのは、彼がアフリカ旅行中に猿の群れを観察しているときだった。猿は1口食べるごとに、すぐに排泄を行う。つまり、ほとんど休みなく腸を動かしているのだ。そんな猿には便秘もなければ、自家中毒、神経症、胃酸過多、ヒステリーもない。一方の人間は食事をしてもすぐに排便するわけではなく、腸に長い時間負担をかけている。**腸にかかっているる負荷をとりのぞいてやれば、病気も治るのではないか**。

そう考えたケロッグは、患者に1日5回の浣腸を強制した。灌流装置を使って患者の直腸から大腸に大量の水を噴射し、洗浄する。ときにはヨーグルトを噴射するヨーグルト浣腸をすることもあった。

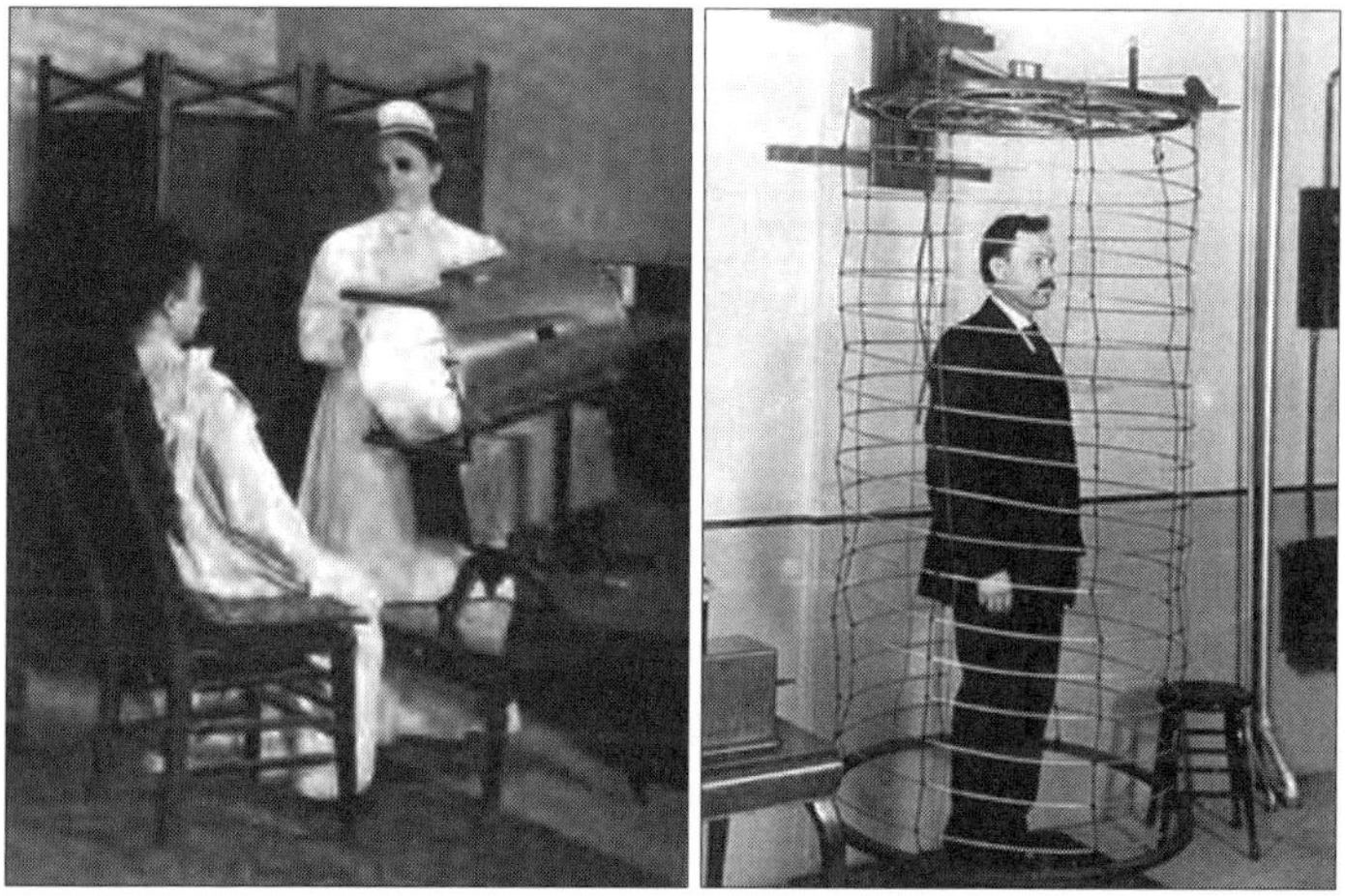

アークライトをあてられる患者（左）とコイルの中に入れられる患者（右）
（出典：『The Battle Creek Sanitarium system : history, organization, methods』）

ケロッグは**「光線療法」**もすすめている。とくに身体障害の治療には光をあてて、熱を浸透させるのがいいと信じていて、背骨や胸部、腹部、腰、肩、股関節、大腿、膝などにアークライトをあてた。**アークライトは、耳の治療や歯の治療、あるいは頭皮脱毛治療にも効果があるとしてすすめていた**。

またケロッグは、神経衰弱の知覚異常や不眠症、神経痛の症状には**「電気治療」**が効くと信じていた。そのため、患者を大型のコイルのなかに包み込む装置も開発した。

血液の循環を改善できるとして**「振動療法」**もすすめていて、さまざまな機械を開発している。振動椅子は、座ったままで1秒間に20回振動し、下腹部の器官を刺激するものだ。電気療法運動ベッドは、寝た状態で20分間の振動がつづき、早歩きで４マイルのウォーキングに匹敵する刺激をえることができるとした。

そのほかにも、首の下だけを温める熱気風浴、乗馬療法のための乗馬マシーン、機械式フットマッサージ器、全身を平手打ちしてマッサージする機械式平手打ちマッサージ器、腰のマッサージベルト、就寝中に新鮮な空気を口もとに直接送る換気装置などを開発した。

患者が診療のときに座らせられるのは、整形矯正椅子だった。これは、患者がもたれかかることのできないように、背もたれの硬い板がせり出したつくりになっている。ケロッグは、椅子にもたれかかることは有害であり、健康悪化の原因になると考えていた。

現代の健康器具を思わせるものもあるが、ほとんどの機械は医学的根拠が不明である。ただ、光が輝いたり、電気が流れたり、自動で動きだしたりする機械は、健康のためなら金に糸目をつけない富裕層の自尊心を十分に満足させたはずである。

ケロッグ本人は、だれよりも浣腸をうけ、菜食や禁酒、禁煙、セックス禁止を徹底して生きた。その成果なのか、91歳の長寿をまっとうしている。

第4章

呪われた科学者

The scientist whose life was cursed

真理にたどり着いた栄光の科学者。
しかし、輝かしい功績のためには
代償を支払わなければならなかった。
優れた頭脳がなければ、彼らの人生が
あのような悲劇に見舞われることは
なかったのだろうか。

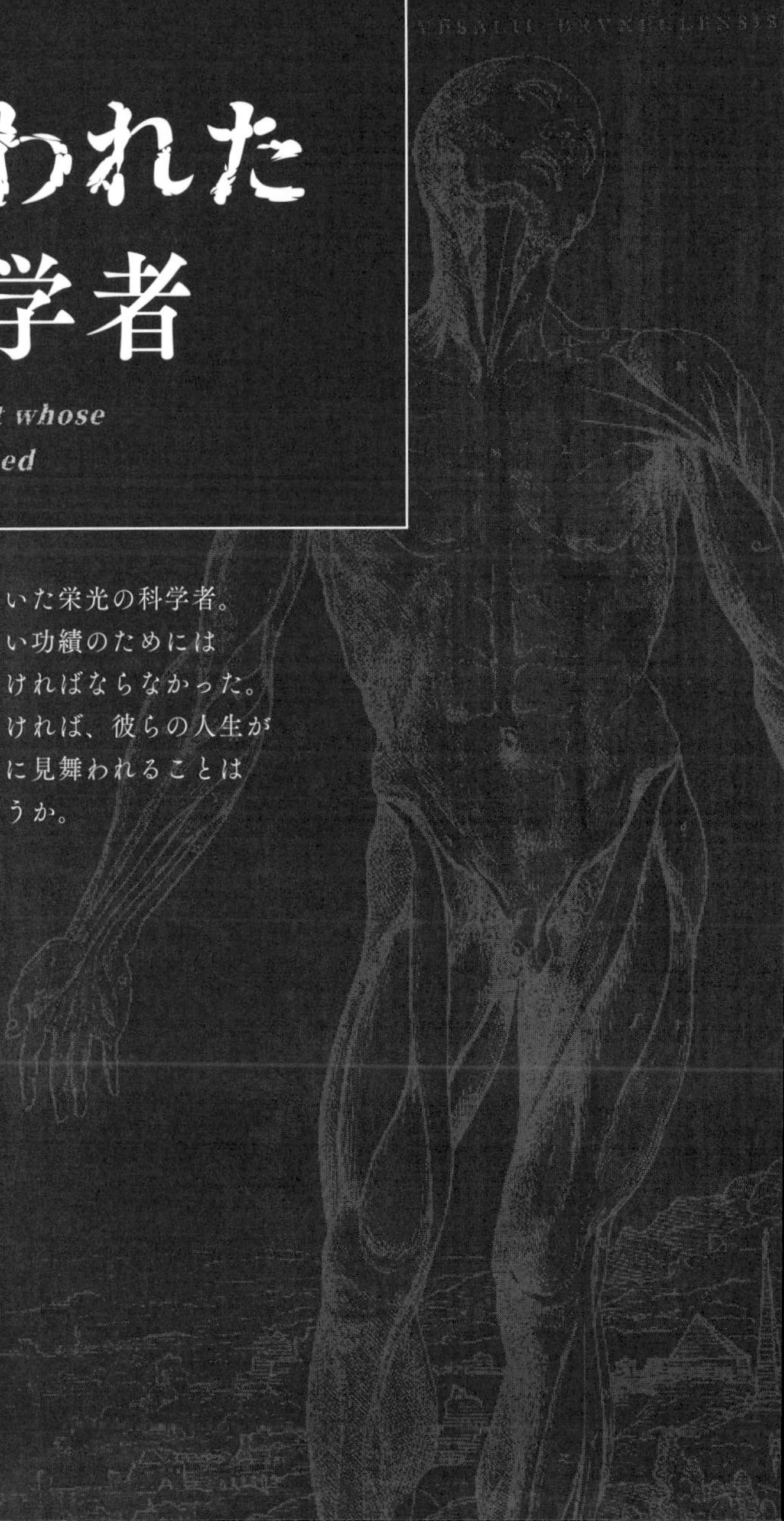

No.27

人間を恐れた天才は屋敷の家政婦とメモで交信する

ヘンリー・キャベンディッシュ

1731～1810年。
イギリスの化学者、物理学者。ケンブリッジ大学で学ぶ。
水の化学構造、水素の性質と属性、地球の密度測定のほか、
電気学、天文学、熱学などで多くの業績を残す。

ヘンリー・キャベンディッシュは、驚くほど多彩な研究成果を残した偉大な科学者だが、極度の人見知りで、生涯のほとんどをたったひとり、自宅の研究室ですごした。その珍妙な「孤独の流儀」は、死の瞬間まで恐ろしいほどに徹底された。

巨額の遺産相続でもっとも裕福な学者に

1731年、キャベンディッシュはイギリスの名門貴族の家系に生まれた。ケンブリッジのピーターハウス・カレッジに入学したが、学士や博士の資格を取ることなく学生生活は3年で破綻。実家に引きこもってしまった。

それでも彼の才能はある程度知れ渡っていたのだろう。なにひとつ論文も発表していないのに、1760年に王立協会の会員となることを許された。キャベンディッシュの父は王立協会の顧問弁護士で、著名な科学者だったので、父が手心を加えた可能性がある。

父は息子の実家暮らしをゆるした。しかし、贅沢はさせず、わずかな小遣いをあたえるのみだった。研究に必要な本や実験器具ならなんでも買ってやった。**暮らしは質素に、研究には大胆に投資――**。キャベンディッシュは父に植えつけられたこの生き方を生涯貫くことになる。

ジャン=バプチスト・ビオ（1774～1862年）

大きな転機となったのは、1783年、父が亡くなったときだ。彼は父の遺産を相続し、50歳そこそこで大金持ちとなった。さらには、彼に愛着を抱いていた伯父のひとりがインド方面の戦争で莫大な富をきずき、その財産も相続することになった。

フランスの伝記作家で科学者のジャン＝バプチスト・ビオは、

キャベンディッシュのことを「**あらゆる学者のなかでもっとも裕福であり、裕福な人々のなかでもっとも学のある人**」と記している。ただ、いくら裕福になってもキャベンディッシュの生活そのものは変わらなかった。買うものといえば、本と実験器具だけである。

では、研究に没頭したキャベンディッシュは、どのような業績を残しているのか？　彼の研究分野は化学や数学、力学、磁気学、光学、地質学から工業科学まで広範囲にわたる。

たとえば気体についての研究では、**水素が１つの物質であることを認め、水が水素と酸素の化合物であることを発見した**。電気の研究では、**「２つの電荷のあいだに働く力は距離の２乗に反比例する」**ということを発見した。ただ、キャベンディッシュはこの法則を発表しなかったため、１７８５年に同じ法則を発見したフランスの物理学者シャルル・ド・クーロンの名がついて「クーロンの法則」とよばれるようになってしまった。

また70歳のときには、「キャベンディッシュの実験」ともよばれる有名な「地球の重さを測定する実験」を行った。気流の動きを排除するため、ガラス箱の密閉装置のなかで２つの鉛球を吊るし、たがいに引きつけ合う様子を遠くから望遠鏡で観察するという実験で、**引力を「物体の重量の５億分の１倍」と算出した**。この値にもとづいて地球の密度を「水の密度の5・4倍」と導きだした。

キャベンディッシュはニュートンの死後4年目に生まれているが、**この実験によってニュー**

—人間を恐れた天才は屋敷の家政婦とメモで交信する

ヘンリー・キャベンディッシュ

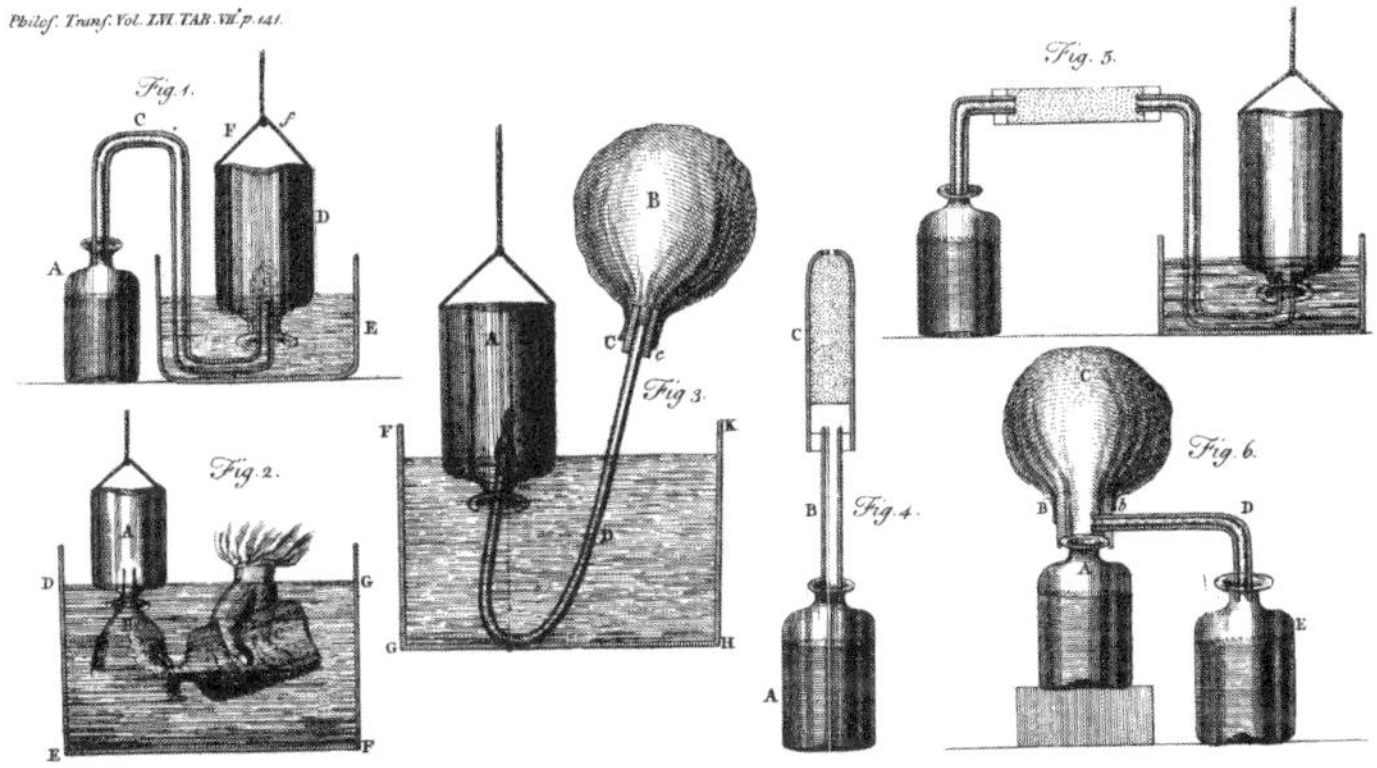

キャベンディッシュの気体についての実験図
（出典：『Three Papers, Containing Experiments on Factitious Air, by the Hon. Henry Cavendish, F. R. S.』）

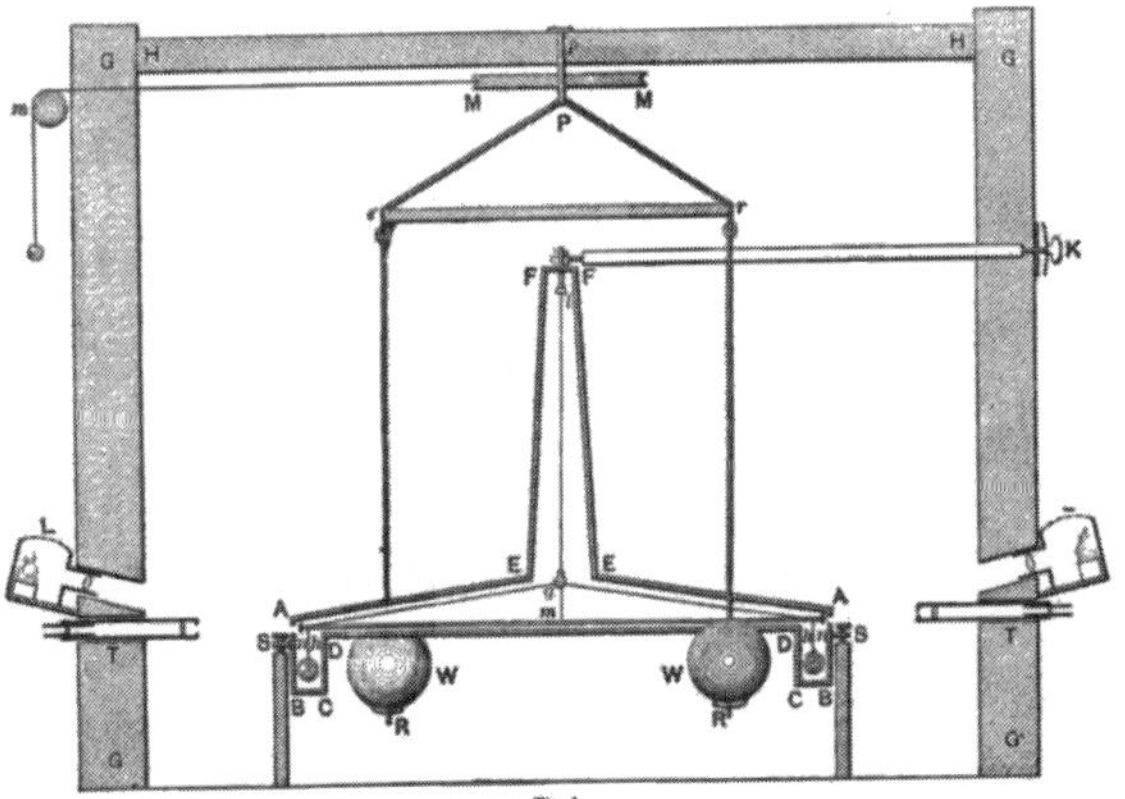

Fig. 1

「キャベンディッシュの実験」で用いた天秤装置の図
（出典：「Experiments to determine the Density of the Earth」）

トンの「万有引力の法則」が小さな物体のあいだにも働くことをはじめて実証した。

家政婦は見てはいけないし、見られてもいけない

キャベンディッシュは、わずらわしい人間社会とのかかわりを徹底的に排除した。

彼が外出するのは王立協会の集まりがあるときぐらいで、会合に出席しても口数は少なく、大勢の前で話すことはほとんどなかった。ときどき発する声は甲高く、場違いに聞こえた。

画家の前に座って肖像画に描かれることも耐えきれなかったことから、肖像画はほとんど描かれなかった。そこで王立協会では、会合にやってきた彼をこっそり画家にスケッチさせた。その全身像は、痩せ身に古びたオーバーを着て幅広の帽子をかぶったもので、富豪らしい華やかさも大科学者らしい威厳も感じられないものとなった。

倹約家であるキャベンディッシュは、銀行員が投資の提案に訪れたときには、「あなたのいないようにしてください。ただし二度とこの件で私をわずらわせないでください。さもないと預金を全部ひきおろします」と脅したという。慈善家ではあって、寄付のために招かれたときには、それまでの最高額を聞いて、それ以上でもそれ以下でもなく、まったく同額を寄付した。この噂が広がり、彼から高額の寄付を引き出そうと、それまでの最高額をごまかす人もいたと

いう。

1783年、キャベンディッシュはそれまで住んでいた父の家を出て、大英博物館近くの庭つきの小さな邸宅にうつり住んだ。しかしすぐに手狭となり、数年後、ソホー地区の別の邸宅を手に入れた。そこに科学に関する膨大な蔵書をおさめて科学図書館とし、一般に公開した。

ただ、そうなると図書館を訪れる一般人と接触するはめになる。それは彼の望むことではない。そこで彼は、クラパム郊外にもうひとつの邸宅を手に入れ、ここを自分の住まいとした。仕事部屋とたくさんの実験室を設けるほか、1階に鉄工場、2階に天文学の観測所を設けた。

女性に対しては極端に内気だった。女性との交友関係はなく、もちろん結婚はしていない。女性と目があっただけでもその場を逃げ出したという。女性と向きあうことも、会話をすることもできない。とはいえ、彼の屋敷では何人もの家政婦が働いていた。できれば家政婦の顔も見たくないし、会話もしたくなかった。

そこで彼は、**家政婦に用事があるときはメモに書いてドアにはさむことにした**。その日の希望の献立はメモに書いて食堂の机においた。彼の希望はいつも「ヒツジの肉」だった。

コック長と会話したときの記録が残っている。彼が交わした数少ない会話の記録である。何人かの仲間と定期的な夕食会が開かれるというので、コックが夕食の献立について相談すると、彼はただひとこと、「ヒツジの脚肉1本」と答えた。「でもご主人、それではたりないと思います」とコックが言うと、「では2本にしよう」と答えたという。

家政婦には自分の視界に入らないように命じた。しかし、屋敷のあちこちで仕事をしながら、つねに主人の視界から身を隠しつづけることは不可能である。ある日、箒とスコップで仕事をしていた家政婦が、主人と階段ですれ違ってしまった。するとキャベンディッシュはどうしたかというと、**屋敷の裏に家政婦専用の階段をつくらせた**。また、彼の視界に入ってしまった家政婦が即刻解雇されたこともあったという。

とにかく孤独に徹する。キャベンディッシュのこの努力は死の瞬間までつづいた。

外出つづきで風邪をひき、ついに肺炎にかかってしまった彼は、ベッドに横になる日がつづいた。最期を悟った彼は、呼び鈴を鳴らして家政婦をよんで言った。

「私の言うことをよく聞きなさい。私は死ぬ。私が死んだらジョージ・キャベンディッシュ卿（キャベンディッシュの従甥）にその旨を伝えなさい。ただし死ぬ前ではいけない」

30分後、彼はふたたび呼び鈴を鳴らして家政婦をよんだ。

「さっき言ったことを繰り返しなさい」

家政婦が復誦《ふくしょう》すると、「よろしい。ラヴァンド香水をくれないか。さあ行って」と言った。

家政婦が部屋を出てから30分後、物音がしないのでドアを開けてのぞいてみると、彼は息を引き取っていた。**キャベンディッシュは望みどおり、完全に孤独のなかで死んだのである**。

78歳だった。莫大な遺産は弟のフレデリクにあてられ、その一部は彼の3人の息子や従甥のジョージに分配された。

1874年、キャベンディッシュの子孫にあたるウィリアム・キャベンディッシュはケンブリッジに**キャベンディッシュ研究所**を建てた。初代所長に就いたのは、数理物理学者のジェームズ・クラーク・マクスウェルである。

キャベンディッシュは生前、研究結果を発表することがほとんどなかったが、マクスウェルは彼の電気に関するノートを整理し、『尊敬するヘンリー・キャベンディッシュの電気学研究』(1879)として刊行した。この本の刊行によって、キャベンディシュの偉大な業績がようやく日の目を見るようになったのである。

キャベンディッシュの死後、マクスウェルが刊行した『尊敬するヘンリー・キャベンディッシュの電気学研究』の複製本

No.28

ダーウィン派を黙らせるため
サンバガエル実験を捏造した!?

パウル・カンメラー

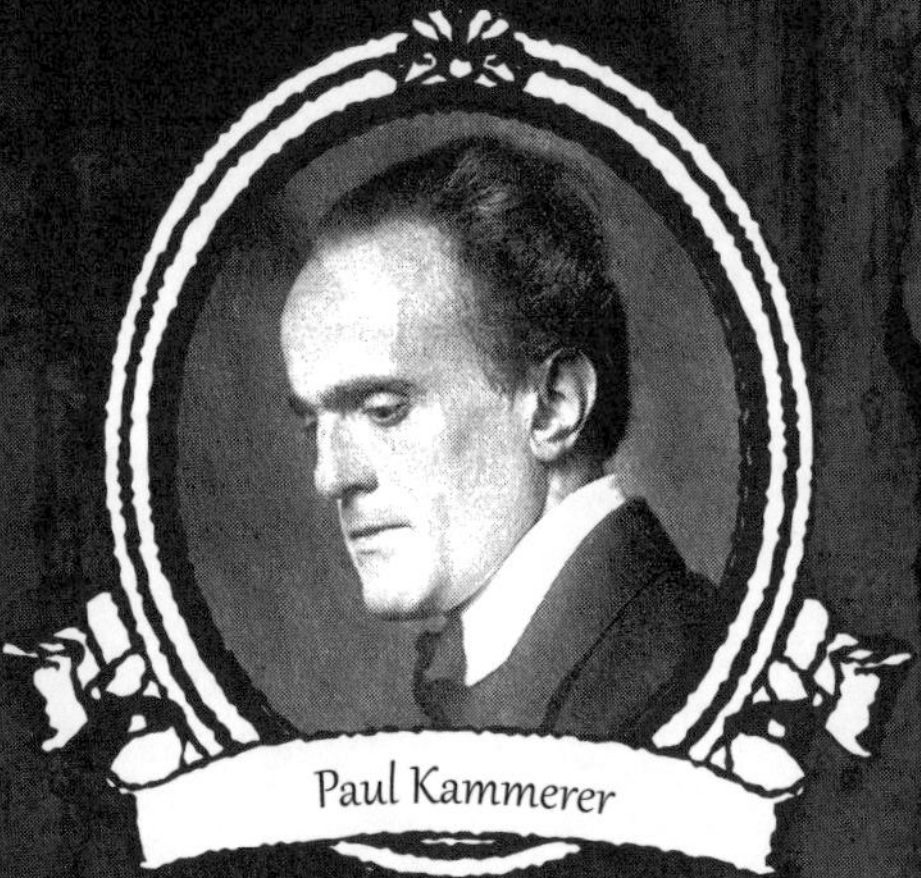

1880 ～ 1926 年。
オーストリアの生物学者、遺伝学者。ウィーンの
実験生物学研究所教授。ラマルク説の支持者。
『ネイチャー』誌にデータ捏造が暴露され、ピストル自殺。

パウル・カンメラーは、サンバガエルを使った奇妙な実験を成功させて、いちやく時の人となった生物学者である。ところがこの実験に対しては捏造疑惑がもちあがり、彼は自殺に追い込まれてしまった。カンメラーのサンバガエル実験とは、いったいなんだったのだろうか？

陸上交配のカエルに水中交尾させる

パウル・カンメラーは、裕福な音楽狂の一家に生まれた。ウィーン・アカデミーで音楽を学び、歌曲の作曲も行う音楽家となった。ウィーンの社交界の常連であり、偉大な作曲家グスタフ・マーラーとも親交が深かった。ところが彼は、とつぜん生物学の研究に目覚め、１９０２年に創設されたばかりのウィーン実験生物学研究所で両生類の実験をはじめた。

当時、生物学の分野では**ダーウィン派とラマルク派の論争**がつづいていた。

争点となったのは、**「個々の個体が生まれてから新しく獲得した形質（獲得形質）はその子孫に遺伝するかどうか」**というものだ。たとえば人間ならば、ナイフによる切り傷や学習して身につけた語学力などが子どもに遺伝するか、という問題である。

チャールズ・ダーウィン（1809～1882年）

ジャン＝バティスト・ラマルク（1744～1829年）

19世紀前半のフランスの生物学者ジャン＝バティスト・ラマルクは「獲得形質は遺伝する」としていたが、イギリスの生物学者チャールズ・ダーウィンは、１８５９年に発表した『種の起源』において進化論を打ち立て、**「獲得形質は遺伝しない」**とした。

ダーウィン派が主流となりラマルク派が後退していくなか、それでも獲得形質の遺伝を証明しようとする研究者がいた。

たとえば、ロシアの有名な生理学者イワン・ペトローヴィチ・パブロフである。彼は1923年、ハツカネズミを使った実験で、学習した行動が遺伝的に受け継がれることを示した。ところがこれは**実験助手の捏造**で、のちに誤りを認めて撤回している。

そんななかで、**ラマルク派のひとりとして登場したのがカンメラーである**。

カンメラーは、かなり風変わりな実験をいくつも行っていた。たとえば、洞穴に棲む盲目のイモリ（プロメテウス）に赤い光をあてて育てると眼が発現したというものや、サンショウウオを生息地とは違う環境で育てると繁殖パターンに変化があらわれたというものである。

そしてもっとも話題をよんだのが、**サンバガエルの実験**である。

水中で交尾するカエルのオスには、交尾するときにメスの滑りやすい背中からずれ落ちないように手にざらざらした「婚姻瘤《こんいんりゅう》」がある。しかし陸上で交尾するサンバガエルには、この婚姻瘤がない。そこでカンメラーは、**水温をあげてサンバガエルを水中で交尾するようにしむけた**。

もともとアマチュア飼育家だったカンメラーは、両生類の飼育において天才的な才能と技術と忍耐力があった。見事にサンバガエルの水中での交尾と産卵に成功すると、3世代にわたっ

オスのカエルに見られる「婚姻瘤」（右）と、サンバガエルのオスのイラスト（左）
サンバガエルは西ヨーロッパに生息するカエルで、オスが卵を背中に乗せて運び、後ろ足に巻きつけて守る。孵化が始まると水辺へ移動する
（婚姻瘤画像：©Christian Fischer/CC BY-SA 3.0）

て飼育した。すると**第2世代にわずかに婚姻瘤があらわれ、第3世代にはっきりとした婚姻瘤があらわれた。**

この実験結果は「獲得形質は遺伝する」というラマルク派を支持する決定的証拠とみなされた。ただし当のカンメラーは、サンバガエルが獲得した婚姻瘤が次の世代に遺伝する可能性を認めたが、これは「サンバガエルがもっていた本来の形質がふたたびあらわれたのではないか」という慎重な分析をしている。

しかし、そもそもほんとうにサンバガエルに婚姻瘤はあらわれるのだろうか？　本来ならば同じ条件で実験をして確かめる「追試」を行う必要があるが、カンメラーのように両生類を数世代にわたって飼育する技術をもつ研究者はいない。結局だれも追試を行おうとはしなかった。

ただ、実際の婚姻瘤を確認することはできるはずだ。１９２３年の時点では、婚姻瘤をもつオスのサンバガエルの見本が1匹だけ残っていた。ケンブリッジ大学の遺伝学者ウィリアム・ベイトソンはこれをイギリスでカンメラーから見せられたという。ベイトソンは再調査をしたいと、後日、カンメラーに申し出たが、ウィーンから送ることはできないと断られた。

一方、アメリカ自然史博物館のキングズリー・ノーブル博士は、そのサンバガエルの残された標本を調べるため、いきなりウィーンの実験生物学研究所を訪れた。その調査結果が、１９２６年8月7日付の『ネイチャー』誌に発表され、カンメラーを動揺させる事態となる。

ピストル自殺は失恋が原因!?

そのころのカンメラーは、サンバガエルの研究成果をひっさげてヨーロッパ各国や北米で講演を行っていた。１９２３年の『ニューヨーク・タイムズ』では「新時代のダーウィン」と紹介され、「獲得形質の遺伝というラマルクの考えが正しかったことが証明された」と評されている。

そこにノーブルの記事が『ネイチャー』に発表される。**ノーブルはサンバガエルの婚姻瘤は偽物と断定。「婚姻瘤に見られる黒い色は墨にほかならない」と述べた。**

「墨」とはどういうことだろうか？

カンメラーは後日、モスクワの科学アカデミーに宛てて手紙を書いている。モスクワ大学の生物学教授に任命されていたが、断りを入れるためだった。

その手紙によると、カンメラーはノーブルの『ネイチャー』の記事発表以降、実験生物学研究所を訪れたといい、サンバガエルが墨で修正されていたことを確認したという。**ノーブルの主張は正しいが、彼自身はサンバガエルの偽造には関わっていないとはっきり述べている。**

じつはそれまで、ベイトソンなどほかの研究者もサンバガエルを調査しているが、異常は発見されていない。墨は注射のようなもので、何者かが注射した可能性がある。

では、だれが墨の注射をしたのだろうか？

1971年、作家のアーサー・ケストラーは、カンメラーの潔白を証明するために書いた著書『サンバガエルの謎』で主に2つの説を披露している。

1つは、**実験助手**が婚姻瘤をよりわかりやすくするため修正を加えたというもの。

もう1つは、**カンメラーの信用失墜をねらった何者か**が偽造を試みたというものである。当時のウィーンは初期のナチス支持者が増えはじめ、ダーウィンの進化論を根拠とした優生学的な思想が台頭していた。彼らが、反ダーウィン派に位置づけられるカンメラーを攻撃するために標本に墨を打ち込んだと推測している。

カンメラーは身の潔白を宣言し、モスクワ大学の教授職の辞退を申し出たその手紙に、「明日、この打ち砕かれた人生を終えたいと思います」と記した。**その言葉どおり、翌日、シュネーベルクの森でピストル自殺をとげる**。捏造疑惑発覚からわずか6週間後の悲劇だった。

アルマ・マーラー
(1879～1964年)

彼の死をめぐっては多くの謎がある。一部では**失恋が原因**とする説がささやかれている。

カンメラーは、作曲家グスタフ・マーラーの妻アルマと恋仲にあった時期がある。夫マーラーは1911年に亡くなり、未亡人となったアルマは、1911年から12年にかけてカンメラーの実験助手として無給で働いていた。アルマは建築家ウォルター・グロピウスや詩人フランツ・ヴェルフェル、画家オスカー・ココシュカなどと浮き名を流した恋多き女性である。

カンメラーはアルマに激しく恋をし、求婚したという。そのとき彼は、「結婚ができないのなら、マーラーの墓の前でピストル自殺する」と脅したという。しかし、アルマはカンメラーのもとを去っていった。このアルマとの失恋が自殺の動機だという。

アルマへの失恋から自殺まで10年以上の時をへだてていることから、直接の原因と考えるのは無理があるように思えるが、一般にはカンメラーは「捏造と失恋自殺をした狂気の科学者」

というイメージがついてしまった。

ところが、そんなカンメラーの業績を再評価する動きが起きている。

2009年、チリの生物学者アレクサンダー・バルガスは彼を「エピジェネティクスとラマルク生物学の始祖」と持ち上げた。エピジェネティクスとは、環境が同じで遺伝子が同じでも結果が同じであるとはかぎらず、遺伝子には確実性がないとする考え方である。研究では、**生殖細胞のDNAに変化がおきると獲得形質が次世代に遺伝する可能性も指摘されている**。

ラマルク派の流れにあるエピジェネティクスの研究が進むにつれ、カンメラーの復権もありえるかもしれない。

No.29

人類史上もっとも論文を書いた数学者は失明していた

レオンハルト・オイラー

1707 ～ 1783 年。
スイス出身の数学者。バーゼル大学で数学や物理学を学ぶ。
帝政ロシアとプロイセンのアカデミーに招かれ、数学や
物理学、天文学など幅広い分野で活躍する。

「オイラーの公式」をはじめ、数学者として偉大な業績を残したレオンハルト・オイラー。生涯で８８６もの論文を残すなど、無尽蔵の研究量を誇ったが、じつは、計算式を書くことを生業とする数学者としては致命的なハンディキャップを背負っていた。

数学者たちを唸《うな》らせた美しい数式

1707年、オイラーはスイスのバーゼルに生まれた。13歳で地元のバーゼル大学に入り、当時最高の数学者のひとりといわれたヨハン・ベルヌーイから数学的素質を見出され、数学や物理学の個人指導をうけた。

めきめきと才能を開花させたオイラーは19歳のとき、バーゼル大学の教員になろうと、論文を書いて提出するが、不採用となる。「若すぎる」というのが理由だった。

するとそこに意外にもロシアからのオファーが舞い込む。ロシアではピョートル大帝の命により、**帝都サンクトペテルブルクにロシア科学アカデミーが設立されたばかりだった。そのアカデミーの教授にならないかというオファーだった。**これを喜んだオイラーはサンクトペテルブルクにむかうことになる。

はじめは物理学教授をつとめ、やがて数学教授となる。彼は数学と物理学だけでなく、論理学や天文学、音楽論など14の分野にまたがる論文・著作をあらわし、数々の成果をあげた。と

帝国サンクトペテルブルク科学アカデミー。
ピョートル大帝の命により1725年末に開設され、以後
名称を変えながら現在の「ロシア科学アカデミー」に連なる

1752年頃の制作とされるオイラーの肖像画。右目が黒く塗りつぶされている（ヤコブ・エマヌエル・ハンドマン画）

くに数学においては、それまで数学者たちを悩ませていた**「ゼータ関数」**とよばれる値をすばらしいアイデアによって計算したことで、オイラーの名はいちやくヨーロッパ中に広まった。

１７３３年、アカデミーに併設された学校で教えていた画家の娘で、スイス人のカタリーナ・グゼルと結婚する。翌年、子どもを授かり、公私ともに充実した日々をすごした。オイラーは生涯に13人の子どもをもつことになる（そのうち8人は乳幼児期に死亡）。

オイラーの人生に最初の異変が訪れたのは、１７３５年のことだ。ふつうなら何か月もかかるような計算をほとんど寝ずに3日でやりとげたあと、高熱を発してたおれてしまった。非常に危機的な状況におちいり、生死の境をさまよったが、なんとかそこから奇跡的に回復する。

それからしばらくたった１７３８年、**突然、右目を失明する**。オイラー自身は、当時、地理学の研究で地図の修正のために目を酷使したことが原因と考えていたようだが、現在では、**１７３５年の発熱のときに目に膿瘍《のうよう》ができたことが原因ではないか**と考えられている。

オイラーはサンクトペテルブルグでの生活を気に入っていた。しかし、ロシア宮廷内部はにわかに政治的に混乱しはじめ、先行きが不透明になっていた。そんなとき、ドイツ北東部の強国プロイセンのフリードリヒ大王（2世）から誘いをうける。フリードリヒ大王は天才オイラーの噂を聞きつけ、自分のそばにおいておきたいと考えたのだ。

1741年、オイラーは家族を引き連れてプロイセンに移住し、**ベルリン・アカデミー**の教授となった。

オイラーがベルリンにやってきたとき、アカデミー総裁職は空席のままだったので、オイラーは当然、自分が総裁になるものだと思っていただろう。ところが、**フリードリヒ大王は、総裁にはより洗練さをもったフランスの学者をおきたいと考えていて、フランスの数学者ピエール・ルイ・モーペルテュイを指名した**。オイラーのことはあくまでも「スイスの田舎者」とみていたのだ。

オイラーはフリードリヒ大王への不信感をかかえることになるが、研究活動そのものはベルリンで最高潮を迎える。彼の代表的な著作となる『無限小解析入門』をまとめ、1748年に出版。同書はその後、何世代にもわたって数学の教科書となるものだった。

この本のなかでオイラーの代名詞ともいえる**「オイラーの公式」**があらわれる。

オイラーの公式の特殊な場合にあらわれるのが**「オイラーの等式」**で、これは多くの数学者がその美しさを称えている。このオイラーの公式やオイラーの等式にあらわれるのが**「e」**で、

オイラーの公式

$$e^{i\theta} = \cos\theta + i\sin\theta$$

$\theta = \pi$ を代入すると…

$$e^{i\pi} = -1$$

（上）オイラーの公式。この公式において $\theta = \pi$ を代入すれば、
（下）のオイラーの等式になる

「オイラーの数」として知られる。これはもともとヤコブ・ベルヌーイが発見したものだが、オイラーがこの値「e」に自分の名前をつけたことから「オイラーの数」とよばれ、「ネイピア数」や「自然対数の底」ともよばれる。「e」は「オイラー(Euler)」の「e」の略といわれる。

　結局、ベルリン時代には380もの論文を書き上げるが、フリードリヒ大王への不信感はぬぐえず、1766年にベルリンを去り、サンクトペテルブルクのアカデミーに戻ることになった。

人生の不幸のすべてが晩年を襲う

　2回目のサンクトペテルブルクでは壮絶な晩年がまっていた。

　オイラーは右目を失明してから、左目のみで生

活していたが、**ベルリン時代の終わりのころには左の眼球内にも障害があらわれていた**。それがサンクトペテルブルクに来てからますます悪化していたことから、オイラーは手術に踏み切る。

１７７１年、左目の白内障の手術は成功し、眼球内の障害は除去された。ところが、合併症を引き起こし、左目の視力が失われてしまった。これでオイラーの目は、かろうじて弱い光を感じるだけとなった。残りの人生はほぼ盲目ですごすことになるのである。

本来であれば、ここで研究生活はあきらめるだろう。すでに膨大な量の論文と著作を残していて、数学者として十分すぎる名声を獲得している。視力を失ったのも、これ以上、計算や論文の執筆に身体を酷使してはいけないというサインではないか。

ところがオイラーには研究から身を引くという考えはまったくなかった。**「視力を失ったことで、気が散らなくなった」と言って、さらに研究に打ち込むようになったのである**。彼は並外れた記憶力と計算力をもっていたので、計算式を目で見る必要はなく、頭のなかだけで高度な計算をやってのけてしまったのである。

同年には、**自宅が火災により全焼する**。オイラーは一命はとりとめるが、重傷をおった。

さらに追い討ちをかけるように１７７３年、**妻カタリーナが亡くなる**。オイラーの生活のすべてを支えてくれた彼女の喪失は、いちばんの打撃となった。

盲目のオイラーはひとりでは生活できないので、再婚相手を探した。ところが子どもたちは、遺産相続で自分たちのとり分が減るかもしれないことをおそれ、再婚に反対した。そうこうするうちにオイラーは高熱を発し、寝込んでしまう。結局、3年後にカタリーナの異母妹のザロメ・アビガイル・グゼルとの再婚が認められた。オイラーは子どもたちを納得させるため、結婚式の直前に遺言状の内容をあきらかにするということをしいられた。

これほどプライベートで問題をかかえながらも、オイラーの研究意欲が衰えることはなかった。1778年、オイラーを訪問したヨハン・ベルヌーイ3世（ヨハン・ベルヌーイの孫）は、オイラーの視力はほとんど失われていると報告している。白い紙に記した黒い文字を読むことはできないし、紙にペンで字を書くこともできない。ただ彼は、黒板にチョークでふつうの大きさの数字を書いて計算ができる。これを助手が大きなノートに書き取り、あとでオイラーとともに見直して論文がつくられていたという。

1783年9月18日、**オイラーはいつもと同じ1日をすごしたあと、発作をおこし、「私は死ぬ」と最後の言葉を残して静かに息をひきとった**。76歳だった。

「盲目の数学者」となった第2次サンクトペテルブルク時代、驚くべきことにオイラーは400以上の論文を書き上げている。これらを含めて彼が50年以上の研究活動で残した論文の数は886にのぼる。彼は人類史上もっとも多産な学者のひとりだった。しかもそれを失明というハンディキャップを背負ったままやってのけたのである。

オイラーの論文数はあまりにも多いため、生前はもちろん、死後２４０年がたったいまでも印刷が間に合わず、オイラーの全集は完結していない。

No.30

「近代化学の父」はフランス革命のギロチンの露と消えた

アントワーヌ＝ローラン・ド・ラヴォアジエ

1743～1794年。
フランスの化学者。弁護士から科学研究を志す。フロギストン説を否定し、燃料理論を確立。「近代化学の父」とされる。
徴税請負人であったことから処刑される。

1789年にはじまるフランス革命では、国王ルイ16世や王妃マリー＝アントワネットをはじめ、革命家、軍人、貴族など多くの有名無名の人たちがギロチンの露と消えた。そのなかになぜか、アントワーヌ＝ローラン・ド・ラヴォアジエという偉大な科学者の姿もあった。

アリストテレスの４大元素説を否定する

ラヴォアジエは、フランス革命がおきる半世紀ほど前の１７４３年、ブルボン王朝が支配する「旧体制（アンシャン・レジーム）」時代のパリに生まれた。

父が法廷弁護士であったこともあり、大学で法律を専攻するが、科学への関心が高く、気象や化学、電気、植物などに関する講座を熱心に受講した。１７６４年、法学の学位を取得し、法廷弁護士となるものの、弁護士の仕事をいちどもすることはなく科学研究の道へすすむ。

この時代はまだ古代のアリストテレスの理論が信じられていた。あらゆるものが**「水、土、火、空気」の４大元素からなる**という考えである。ラヴォアジエの科学者としての大仕事は、この４大元素説を見直し、近代的な体系につくりかえることにあったといえる。

フランス科学アカデミーに提出した最初の論文『石膏に関する研究』（１７６４）では、実験によって、石膏を固める素になっているのは水であることをしめした。ラヴォアジエはこの実験で、化合物を分解するときと、ふたたび合成するときに、きちんとそれぞれの成分の重量や体積を測定するという二重検証法を導入している。

さらに『水の性質に関する研究』（１７７０）という論文では、それまで水は土に変わると考えられていたものを、実験によって、**水は土には変化しないことを実証した。**

こうして４大元素のうち「水、土」を攻略した彼は、次に「火、空気」へむかう。

ドイツの化学者ゲオルク・エルンスト・シュタールが**「フロギストン」**と命名した謎の物質がある。物質が燃えるときに、このフロギストンが物質からでて、それが火になると考えられていた。

しかし、これに疑問をもったラヴォアジエは、金属を燃やす実験を行った。すると、**燃える前の金属と燃えたときにできた金属灰の重量の和は、燃える前の金属よりも重くなっている**ことがわかった。金属灰が、燃えた金属からでてきたフロギストンによるものだとするなら、金属と金属灰の重量の和が、もとの金属より重くなるのはおかしい。ラヴォアジエは、**金属となにかが結びついて金属灰になった**と考え、それは「空気」ではないかと推測した。

実験を重ねたラヴォアジエは１７７５年、燃えた金属と結びつく元素は**空気**であると発表する。その空気とは「きわめて呼吸に適した空気中の成分」であり、彼はこれを**「酸を生み出すもの」を意味する「酸素」（oxygène）と命名**した。

１７８３年、イギリスのキャベンディッシュ（Ｐ２０２参照）は、水素を燃やして水をつくる実験を行う。キャベンディッシュは依然として、水素からフロギストンがでていると考えていた。これに対しラヴォアジエは、キャベンディッシュの実験を再現したうえで、**水素と酸素を燃やして水をつくりだした**。水は水素と酸素からできていることを実証したのである。

—「近代化学の父」はフランス革命のギロチンの露と消えた

アントワーヌ＝ローラン・ド・ラヴォアジエ

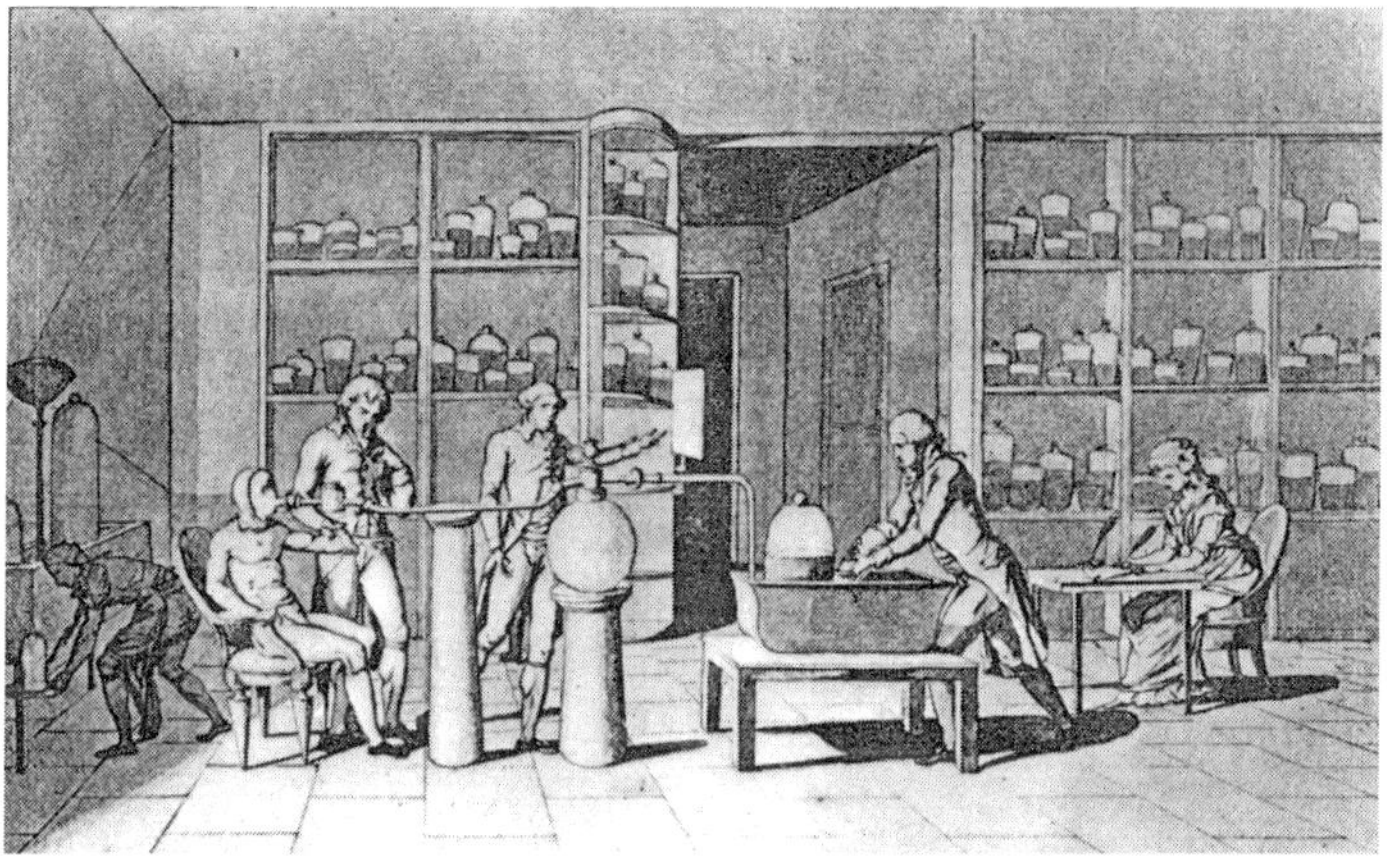

ラヴォアジエの呼吸に関する研究の様子（1770年代）

こうしてラヴォアジエは、アリストテレスの4大元素説の「水、土、火、空気」は元素とはいえず、**元素はもっと細かくわけられる**ことを明らかにした。そして1787年、ほかの化学者らと協力して化学元素の新しい体系をまとめ、**『化学命名体系』**として出版した。

一方、ラヴォアジエは、こうした金属の燃焼実験をとおして、のちに「質量保存の法則」を打ち立てている。つまり、**「化学変化の前後で物質全体の質量は変わらない」**という、近代科学のいちばんのベースとなる法則をしめしたのである。

本業は悪名高き徴税請負人

ラヴォアジエにはもう1つの顔があった。それが徴税請負人である。

マリー＝アンヌ・ピエレット
（1758〜1836年）

科学アカデミーの会員となった1768年、**民間の徴税請負会社フェルム・ジェネラルの株を購入し、徴税請負人となった**。徴税請負人のポストは金で買えたのである。彼は1771年に結婚しているが、お相手はこの会社の上司の娘、マリー＝アンヌ・ピエレットだった。

旧体制の徴税体系は、直接税と間接税にわかれていた。所得税などの直接税は国王直轄の徴税役人らが担ったが、より複雑な**間接税（酒税や塩税、パリへの入市税、輸出入税など）は、国王直轄ではなく、徴税請負人にゆだねられていた**。

王立会計検査院と契約した徴税請負会社は、前もって王立財務省に一定の金額を納め、この前払い金を超えて徴収したお金はすべて自分たちの儲けとなる。徴税請負人たちはときに強引な税の徴収を行って儲けを増やそうとした。そのため民衆にとっては、国王よりも徴税請負人のほうが悪人のように映ったのである。

ラヴォアジエはそんな悪名高き徴税請負人となったのである。さすがにアカデミーのなかでもスキャンダルとみられたようだが、彼の偉大な才能の前に批判の声はかき消されてしまった。

1775年、ラヴォアジエの父が亡くなり、その莫大な遺産とともに、父が金で買っていた貴族の肩書きも相続した。「ローラン・ド・ラヴォアジエ」のように名前の前につく「ド」(de)は貴族の証拠である。同年、王立火薬管理所監督官に任命され、**フランス国王の官僚となった**。

こうして彼は、昼間は徴税請負人兼フランス国王火薬監督官として働き、夜になると科学研究をしたのである。ラヴォアジエにとって科学研究はあくまでも副業だったのだ。

しかし、旧体制の支配者側に深く足を突っ込みすぎたことは仇《あだ》となる。

1789年、旧体制を一掃しようという**フランス革命**がおきる。ラヴォアジエは官僚として革命政府に協力し、1790年には度量衡委員に任命され、メートル法制定に尽力した。1791年から93年までは財務省長官を務めた。

革命は流血をいとわず怒涛のように進んでいく。国外逃亡をはかった国王一家は逮捕され、1792年、王権廃止。国王は有罪判決となり、1793年1月、**ルイ16世はギロチンで処刑された**。革命を劇的に推し進めようとするロベスピエールが頭角をあらわし、公安委員会を掌握する。その公安委員会のもとに大臣、将軍、軍隊がおかれ、独裁体制がきずかれ、恐怖政治がはじまる。10月、ルイ16世の王妃**マリー＝アントワネットが処刑された**。

ラヴォアジエも不安を覚えはじめる。徴税請負制度は1791年に国民議会によってすでに廃止されていたが、人々が忘れたわけではない。

11月、フェルム・ジェネラルの関係者全員に反革命者の嫌疑がかけられ、28名が逮捕された。

1793 年 1 月、ルイ 16 世の処刑

1794 年 7 月、革命を推し進めたロベスピエールが処刑され、
フランス革命の終焉を迎えた

そのなかにラヴォアジエの姿もあった。

１７９４年5月28日、革命裁判所の前で裁判にかけられ、あっというまに全員が有罪となった。罪状は**「共和制とフランス人民に敵対する陰謀」**。ラヴォアジエが暴力的に徴税を行ったとは思えないが、一人ひとりの言動まで考慮されることはなかった。このとき裁判官は「共和国は学者を必要とせず」と語ったとされるが、これはのちの創作のようである。

その日の午後、革命広場で順番にギロチンにかけられる。4人目がラヴォアジエだった。このとき50歳。大数学者のジョゼフ＝ルイ・ラグランジュは、**「この首を切り落とすには一瞬でたりるが、再現には百年を要するだろう」**と語ったといわれる。

やがて恐怖政治が終わりをつげ、革命の熱気が冷めたころ、人々は偉大な科学者を失っていたことに気づく。死から2年後に執り行われた葬儀には３０００もの人が集まったという。

No.31

放校、逮捕、失恋、決闘の果てに尽きた21歳の天才数学者

エヴァリスト・ガロア

1811 ～ 1832 年。
フランスの数学者。「ガロア理論」など独学で数学上の
多くの業績をあげる。共和主義者として投獄され、
決闘により 21 歳で早逝した。

フランスのエヴァリスト・ガロアが生まれたのは 1811 年、亡くなったのが 1832 年である。わずか 21 年の生涯だった。その間に偉大な数学的業績を残したが、フランスという国が共和政、帝政、王政のはざまで激しく揺れ動く時代の波に翻弄され、もがき苦しんだ人生だった。

理解されなかった「ガロア理論」

ガロアはパリ郊外のブール・ラ・レーヌ村に生まれた。12歳で親元をはなれ、パリのルイ・ルグラン校の寄宿生となった。このころから数学にめざめ、ジョゼフ＝ルイ・ラグランジュやニールス・アーベルといった当時の最先端の数学の論文を読んで理解するようになった。

当然のようにエリート校である**エコール・ポリテクニーク**をめざし、入学試験を受ける。ところが、ろくに準備もしなかったため落ちてしまった。ただ、ガロアにはこれが幸いした。

1800年頃のルイ・ルグラン校外観
（画像引用：Bibliothèque numérique de la Sorbonne）

次の年の受験にそなえるため、ルイ・ルグラン校の数学の準備クラスに入るが、そこで彼の最大の理解者となるリシャール先生と出会う。リシャールはガロアの数学の才能を見抜いて正しい方向へ導いてくれた。

翌年、ガロアはリシャールのサポートをうけながら最初の論文『循環連分数についてのある定理の証明』を書き上げ、専門雑誌に掲載された。それから、次の重要な論文へむかう。

この時代の数学の課題の１つには、**代数方程式の解法を見出すこと**があった。

２次よりも大きな高次の方程式、つまり３次、４次の方程式を解く公式は16世紀にすでに発見されていたが、５次以上の方程式を解く公式はまだ発見されていなかった。すると同時代のアーベルが、５次以上の方程式を解く公式はないことをはじめて証明する。**ガロアは、アーベルのその論文を知らずに、５次以上の方程式を解く公式がないことをより洗練されたかたちで独自に証明した**。それだけではなく彼は、どんな場合に方程式を解く公式があるのかを明らかにした。アーベルよりも一歩進んだ地平を切り開いたのである。

リシャールは、ガロアのその論文がとてつもない価値があることを見抜き、アカデミー会員のなかでももっとも厳しい査読をするといわれるオーギュスタン＝ルイ・コーシーに手渡した。ところがコーシーは「出版する価値なし」と判断し、その論文は行方不明となってしまう。

後年の研究によると、じつはコーシーはかなりしっかり論文を読みこみ、きちんと評価していたことがわかっている。なぜならコーシーは、アカデミーの会合でガロアの論文を議題にあげているからだ。そしてガロアは、１８３０年２月にアカデミー主催の数学論文大賞にほぼ同じ内容の論文を応募している。おそらくこれはコーシーがすすめたものだろう。

ところが不運だったのは、この2回目の論文を審査したジョゼフ・フーリエが亡くなってしまったことだ。**ガロアの原稿は彼の書類にまぎれてまたもや行方不明になってしまった**。

そして1831年1月、学士院から論文を再提出するよう求められたガロアは、すべてを最初から書き直して再提出した。3回目の論文である。査読をしたのは、シメオン・ドニ・ポアソンとシルヴェストル・フランソワ・ラクロワ。ふたりはガロアの論文がもつ本質を理解できなかった。ポアソンは、がんばって理解しようとしたが、**「正しいかどうか判断することはできない」**としている。

結局、ガロアは数学者としていちども正当な評価をうけることなくそのキャリアを終えることになるのである。

オーギュスタン=ルイ・コーシー（1789～1857年）

ジョゼフ・フーリエ（1768～1830年）

シメオン・ドニ・ポアソン（1781～1840年）

シルヴェストル・フランソワ・ラクロワ（1765～1843年）

国民軍のメンバーとして地下活動

話は前後するが、ポリテクニークの2度目の受験がひかえた1829年7月、**ガロアの父がパリで自殺した**。

父はブール・ラ・レーヌの村長で、皇帝ナポレオンを支持するボナパルティストだったが、ナポレオン失脚後に王政が復活したこの時代は、保守派からボナパルティストに対する反発が強まっていた。ガロアの父も精神的においつめられての自死だったと考えられる。

父の死はガロアに暗い影を落とす。その数日後にあった受験では、口頭試験でかんたんな算術対数について説明を求められながら、素っ気ない態度をとって試験官を怒らせてしまったようだ。不合格となる。ポリテクニークの受験チャンスは2回しかなかったので、ガロアはしかたなく、1930年2月、教員養成機関であるエコール・ノルマルに入学することになる。

父の自殺、2度の受験失敗、アカデミーの無理解、彼の心に鬱屈とした不満が渦巻いていた。

1830年7月、国王シャルル10世の圧政に対し市民がたちあがった。**7月革命**である。エコール・ノルマルの校長ギニョーは学生の外出を禁止したが、ポリテクニークの学生たちは街にでて市民たちとともに戦っていた。いてもたってもいられなくなったガロアは学校から脱走を試みるも、壁をのりこえることができず、3日間の革命を見ることさえできずに終わった。

フランス7月革命を描いた絵画。パリ市庁舎から見た
アルコル橋が描かれる（アメデ・ブルジョワ画／1831年）

12月、ある学生の投稿が教育機関誌『ガゼット・デ・ゼコール』に掲載された。校長ギニョーの言動を非難する投稿だった。投稿者の名前はふせられていたが、ガロアが書いたことが知れ渡ってしまう。翌年1月、**ガロアは放校処分となる**。

学生でもなくなったガロアは国からの給付金がたたれ、数学の私塾を開いて生活費を稼ぐことになった。

やがて国民軍に入会する。国民軍はフランス革命のときに市民が組織した軍で、7月革命でも活躍していたが、新国王ルイ・フィリップは非合法組織に指定し、活動は禁止されていた。**ガロアは反王政の立場で地下活動をはじめたのである**。

1830年末からガロアたち国民軍のメンバーは何度か逮捕される。ただ、裁判では無罪となって命拾いした。ところが1831年7月14日の革命記念日、ガロアはピストル所持と国民軍の制服を着ていたことを理由に逮捕され、禁錮6か月の有罪判決をうけた。

サント・ペラジー監獄に収容され、翌年、コレラが流行したため、衛生状態を考慮してフォートリエ療養所に身柄をうつされ、それから仮釈放となった。

すでに彼の人生も残り半年を切っていた。そんなときである。この療養所でガロアは初恋をする。相手は病院の医師の娘、ステファニーである。常識的な家庭で育ったふつうの女性だった。この恋愛は、破滅へ突きすすむガロアの人生を救う唯一のチャンスだっただろう。

ガロアの告白に対し、**彼女は手紙に「私への好意のためにしてくださったことすべてに感謝します」と書き、ていねいに断りを入れた**。ガロアの心は砕け散った。

自暴自棄になったわけではないだろうが、まもなくガロアは決闘にのぞむことになる。1832年5月30日のことだ。

ガロアの決闘については、相手がだれだったのか、なぜ決闘しなければいけなかったのか、はっきりわかっていない。いまのところ次の3つの説が唱えられている。

①恋愛事件説：女性をめぐってライバルの男性と決闘した。決闘前日に仲間たちに送った手紙の内容から、その女性とは「娼婦」であり、ステファニーではないと考えられる。

②警察暗殺説：ステファニーへの恋心を利用して警察が決闘をしくみ、暗殺した。

③自殺説：民衆の蜂起をうながすために意図的に共和主義者の仲間との決闘を演じ、自殺した。

決闘までの経緯は謎であるが、いずれにしろ重傷をおったガロアは翌日、亡くなった。コーシャン病院の検死解剖結果には、「25歩の距離から撃たれた銃弾をうけ、12時に重度の腹膜炎で死んだ」と記されている。

あまりにも生き急いだ人生だった。

幸い、彼の数学は蘇る。**アカデミーに提出された3回目の論文は、1843年、ジョゼフ・リウヴィルによって発掘され、「ガロア理論」として数学史を根底から塗り替える大理論として評価された**。また遺書にあった論文は、「群論」とよばれる理論に発展し、相対性理論や量子力学にも影響を与えていくことになるのである。

ジョゼフ・リウヴィル
（1809～1882年）

No.32

エコロジー運動で逮捕されるも、獄中で粘菌を発見する

南方《みなかた》 熊楠《くまぐす》

Kumagusu Minakata

1867 ～ 1941 年。
和歌山県出身。約 15 年間、海外を放浪し、20 以上の言語を操る。民俗学者、生物学者、博物学者として幅広い業績を残した。昭和天皇に進講した。

南方熊楠は在野の科学者として世界を股にかけて活動し、生物学や博物学においてさまざまな業績をあげた。その業績だけでも熊楠は歴史に名を残しただろうが、彼の存在を唯一無二なものにしているのは、科学者の枠をこえて行動した破天荒な人生そのものにあるのかもしれない。

暴力事件をおこし大英博物館から永久追放

1867（慶応3）年、南方熊楠は和歌山県和歌山市に生まれた。6人兄弟の次男だった。3歳のときに重い慢性胃腸病を患い、医者からさじを投げられるが、家族が熊楠を背負って藤代《ふじしろ》王子社まで十数キロの距離を通いつづけ、奇跡的に回復した。

熊楠は記憶力が並外れていて、少年時代に大百科事典『和漢三才図会《わかんさんさいずえ》』を読んですべて暗記したという伝説がある。しかし事実は、すべてを読んで書き写したということのようだ。ほかにも『大和本草《やまとほんぞう》』や『本草綱目《ほんぞうこうもく》』などを書き写し、大人になると『大蔵経《だいぞうきょう》』などにも手をつけた。熊楠は筆写をライフワークとし、**「人類史上もっとも字を書いた」**とまでいわれている。

また、山野にでかけ動植物の観察、採集もした。採集に出かけたまま何日も家に帰ってこないこともあった。

やがて大学予備門（現・東京大学教養学部）に入るが、このころから心身に異常をきたす。教室で癲癇《てんかん》をおこしたり、意識を失うほどの頭痛に襲われた。熊楠の没後、保存された脳髄を検査したところ右海馬《かいば》に萎縮がみられ、「側頭葉癲癇《そくとうようてんかん》」という病気だったとみられている。

結局、予備門は数学の成績が足を引っ張り落第となる。しかし、転んでもただではおきないのが熊楠である。商売で成功していた父の支援をうけて、1886年12月、アメリカに留学する。

はじめはサンフランシスコの商業学校であるパシフィック・ビジネス・カレッジに入学するが、半年で退学し、アメリカ北部のミシガン州立農学校に入学した。ここで熊楠は最初の事件をおこす。**禁酒だった宿舎内で友達とウイスキーを飲んで泥酔し、裸で廊下に寝ていたところ、校長にみつかってしまう**。この飲酒事件もあって、学校は1年ほどで退学することになる。

その後、１８９１年9月、キューバに上陸する。ちょうどこの時代のキューバは、スペインからの独立戦争のさなかにあったが、**彼は顕微鏡と本とピストル一挺《ちょう》をたずさえて動植物の採集にでかけた**。キューバでは新種の地衣植物を発見するなどの成果をあげるが、これで満足して帰国することはない。１８９2年、こんどは大西洋をわたり、イギリスのロンドンへむかった。

ロンドンの大英博物館には世界中の知を集積した図書館がある。熊楠はこの図書館に通いつめ、あらゆる本を読みあさり、片っ端から書き写した。ロンドン時代に書き写したノートは52冊にのぼり、全部で1万数千ページにおよんだ。

また、このころから『ネイチャー』や『ノーツ・アンド・クィアリーズ（N&Q）』という雑誌への投稿をはじめた。熊楠は生涯を通じて『ネイチャー』に51編の論考を載せているが、これは著者一人あたりでは歴代最高本数であるという。ただ、論考が掲載されたのは「編集部への書簡」というコーナーばかりで、いわゆる「論文」ではない。そのため印税も発生していない。

１８９７年3月には中国革命を先導する孫文《そんぶん》と会っている。孫文は１８９５年の武装蜂起に失敗し、清朝を追われて、ロンドンに逃れたところだった。**東洋から西洋の帝国主義を排除したいという熊楠の考えが孫文の共感をよび、それからおよそ3か月にわたってふたりは毎日会うことになる。**熊楠が日本に帰国してからも、孫文はわざわざ和歌山まで訪ねてきている。

ロンドンにおいては極貧ながらも充実した日々を送っていた熊楠。ところが、ここで2度目の事件をおこすことになる。1897年11月、G・セント・レジャー・ダニエルズというイギリス人が熊楠にからんできて、机をたたいたり、唾をはいたり、口汚い言葉をはき、インクをわざと熊楠のシルクハットにこぼした。**カッとなった熊楠は衝動的に彼を殴ってしまった。前代未聞、大英博物館の図書館内での暴力事件である。**博物館から追放となった熊楠は、1か月後に復帰をゆるされるが、泥酔しているところを警官に取り押さえられ、永久追放となる。

入獄した男が昭和天皇に進講

大英博物館を追放された熊楠はロンドンにいるべき理由がなくなり、1900年、「蚊帳のごとき洋服一枚」をまとっただけで帰国する。両親はすでに亡くなり、実家は弟が継いでいた。熊楠は熊野那智《くまのなち》にむかう。**人の手のついていない熊野の森で膨大な数の粘菌《ねんきん》（変形菌）や隠花《いんか》植物を採集した。**那智は神聖な場所で、いわゆる「幽体離脱」を少なくとも2度経験するなど、いくつもの霊的な経験をした。これにより精神的においつめられ、病院に何度か入院している。

1903年、那智での生活を切りあげて田辺《たなべ》町へ。父の知人である多屋家に世話になる。酔って暴力をふるうなど、あいかわらず落ち着きのない様子だった。これを心配した旧友のすすめで、1906年に田辺《たなべ》闘鶏《とうけい》神社《じんじゃ》宮司《ぐうじ》の娘・松枝《まつえ》と結婚。翌年、長男の熊弥が生まれる。

あるとき、**近所の糸田《いとだ》猿神祠《さるがみし》を合祀《ごうし》し、森を伐採することになった**。明治政府による神社合祀《じんじゃごうし》政策の一環だった。各地にある神社を合祀して「一町村一神社」にすることで、伊勢神宮と宮中祭祀を頂点とする体制をつくり、国民を神道をもって統一することをねらったものである。この政策により、全国約20万社あった神社のうち、**1914年までに7万社が取り壊されている**。

熊楠は、生涯に10種の粘菌（変形菌）の新種を発見しているが、そのうちの最初の粘菌を発見した場所が糸田猿神祠だった（1906）。糸田猿神祠の合祀に反対するのは当然だった。

熊楠は、地元新聞『牟婁新報《むろしんぽう》』に神社合祀に反対する意見を掲載し、神社合祀反対運動をおこした。神社合祀は田辺という一地域の問題ではない。**神社がなくなることで、そこに棲んでいた生物が死に絶え、生態系が崩れ、やがては人間の農業や漁業に悪影響をおよぼす**。こう訴えた熊楠は、日本において「エコロジー」の概念をしめした最初期の科学者だったのである。

ところが、この神社合祀反対運動のなかで、熊楠は3度目の事件をおこす。1910年、酔ったまま和歌山県主催の夏期講習会に乱入し、神社合祀推進派の県吏《けんり》に対し大声をあげ、菌類標本入りの信玄袋を投げつけのだ。**「家宅侵入罪」で18日間の投獄となった。**

しかし、ただでは終わらないのが熊楠だ。獄中で「ステモニチス・フスカ」という粘菌の原形体を発見する。また獄舎の庭に咲いていたハナヒリグサという草の実が、西洋ではよく嗜む鼻煙草の代用になることを知っていたので、その草を集めて喫煙を楽しんでいたという。

彼の果敢な運動は実を結び、1918年、貴族院で神社合祀政策の廃止が決定する。

1929年6月1日、昭和天皇にご進講を行う。これほど数々の事件をおこした在野の研究者が、天皇にご進講するというのは異例中の異例である。**熊楠は神島《かしま》で昭和天皇をお迎えし、小雨の降るなか粘菌を探し、田辺湾に停泊する戦艦・長門《ながと》でご進講を行った。**戦後、昭和天皇は「雨にけふる神島を見て紀伊の国の生みし南方熊楠を思ふ」という歌を詠んでいる。天皇の歌に民間人の名が刻まれるのは稀だ。それほど熊楠の印象が強かったのだろう。

1941年12月29日、熊楠は亡くなった。74歳だった。彼は何者であったのか？ はっきりと言いあてることはいまだにむずかしい。

ご進講直後の熊楠と妻・松枝
（画像引用：『南方熊楠アルバム』）

No.33

不完全性定理を証明した天才は、毒殺を恐れ餓死した

クルト・ゲーデル

1906～1978年。
モラヴィア（現・チェコ）のブルノ生まれ。アメリカの数学者、論理学者。プリンストン高等研究所教授。
不完全性定理の証明で数学界、思想界に影響を与えた。

クルト・ゲーデルは「数学は万能ではない」ということを数学的に証明した偉大な数学者である。これは「不完全性定理」といわれ、20世紀最大の発見とされる。そんな輝かしい業績を残したゲーデルだが生涯、深刻なうつ病、パラノイア（偏執病）に苦しみ、壮絶な最期を迎えた。

—不完全性定理を証明した天才は、毒殺を恐れ餓死した

クルト・ゲーデル

数学でさえ矛盾がないとはいえないことを証明

1906年、ゲーデルはモラヴィア（現・チェコ）のブルノに生まれた。1924年にウィーン大学に入学して物理学を学ぶが、数学に転向した。そして**1930年、彼の最大の業績である「不完全性定理」の証明をなしとげる**。では、「不完全性定理」とはどのようなものか？

まず論理学というものがある。論理学は、正しい思考回路をへて真実にたどりつくための思考の形式や法則を研究するものだ。その論理学は19世紀後半に大きな転機を迎えた。**思考の形式に数学の演算規則をあてはめることで、どんなことでも正確に記述できると考えられた**のだ。数学に対する信頼が急速に高まったが、一方で、数学の万能性に疑いをもつ声もあった。

するとドイツの大数学者ダフィット・ヒルベルトが、数学の万能性を確かなものにしようと全数学者に協力をよびかけた。「数学理論には矛盾は一切なく、どんな問題でも真偽の判定が可能である」という命題を証明せよ――。これは「ヒルベルト・プログラム」とよばれる。

ゲーデルもヒルベルトの命題に挑んだ。すると彼は、数学理論には矛盾がないことを証明するどころか、**「数学理論は不完全であり、決して完全にはなりえない」ということを数学的に証明してしまった**のである。これが「不完全性定理」である。

不完全性定理は2つの定理からなる。第1不完全性定理は「ある矛盾のない理論体系のなか

に、**肯定も否定もできない証明不可能な命題が必ず存在する**」というもので、第2不完全性定理は「ある理論体系に矛盾がないとしても、**その理論体系は自分自身に矛盾がないことを、その理論体系のなかで証明できない**」というものである。

1931年、ゲーデルの論文が発表されると、これを読んだヒルベルトは愕然《がくぜん》とした。世界の数学者も**「ゲーデル・ショック」**とよばれるほど驚愕した。ゲーデル・ショックをうけたのは数学者だけではなかった。不完全性定理は哲学や科学、法律など理論体系すべてに適用されるものだったので、哲学者や科学者、法律家などもショックをうけた。**現実のどんな理論も不完全であり、真理にはたどりつけないことがわかってしまった**ことのインパクトは大きかった。

こうして一躍時の人となったゲーデルは、その後、ウィーン大学の講師を務めた。アメリカのプリンストンに新設された高等研究所に招かれ、講義を行うこともあった。

うつ病が発症したのはこのころのことだ。ウィーン近郊のサナトリウムで療養し、治療を試みた。著名な精神病学者が診たところ、働きすぎによる「精神衰弱」と診断されている。

病気との向き合い方は一貫していた。**彼は医者の言うことを信じない**。「私は医者たちの見解を受け入れたりはしない」とはっきり言っている。精神医学や神経学、神経病などの本を読みあさり、自分の病気を自分で解決しようとした。中毒に対する潜在的な恐怖が消えなかったので、毒物学や中毒の処置に関するハンドブックを読んだり、図書館で『一酸化炭素中毒』という本を何度も借りた。精神的な恐怖を解消しようというよりは、中毒への対処法を探ったようだ。

彼の暗い心をさらに不安にさせたのは、ナチスの台頭だった。彼はドイツでの兵役に適すると認定されてしまうが、当然、戦場には行きたくなかった。亡命するしかないと考え、1940年、その2年前に結婚したばかりの妻アデーレをともない、アメリカへ渡った。

ゲーデル夫妻は、プリンストンという小さな町で残りの人生を過ごすことになる。

妻のつくった食事以外は食べない

ゲーデルはプリンストン高等研究所の任期付研究員となった。常勤職になれなかったのは、ゲーデルの精神面の不安定さが問題視されていたからだろう。ようやく常勤研究員となるのは、戦後の1946年のことである。

ゲーデルはアメリカでもやはり精神を病んでいた。1つには、**ガスや匂いへの恐怖**があった。暖房器具が排出する「悪い空気」が耐えられないと言って、1941年から45年のあいだに3度、転居した。冷蔵庫からも「悪い空気」が排出されていると言ってたびたび買い替えた。ゲーデル家を訪れた人の証言によると、冷蔵庫のガスを逃すためにつねに家中の窓が開け放たれていたという。また、買ったばかりのベッドの木と艶出し剤の匂いががまんできないと言って、

2、3日で捨ててしまったこともある。

ゲーデルは、つねに誰かに命を狙われているという恐怖をかかえていた。「どこかの外国人が町にやってくる」と言って、自分が殺害されると思って家を離れることもあった。

もっとも深刻だったのは、食事に毒が盛られていると疑いつづけたことだ。アデーレに提供された食事が安全かどうかを疑い、自ら毒味する姿が何度も目撃されている。彼自身は毒殺を恐れ、妻のつくった食事以外はほとんど口にしなかった。食餌《しょくじ》療法も実践していたため、必然的に口に入れるものは限られ、食事量が減った。しかも慢性の便秘から下剤を使用していたため、体重がまったく増えず、いつも痩せ細っていた。

ゲーデルがプリンストン高等研究所から公式に退職したのは1976年のことであるが、それより前から研究所との結びつきは希薄になっていた。同じ研究所でよき話し相手になったアインシュタインは1955年に亡くなり、つきあいのある同僚はほとんどいなくなった。仕事上で孤立を深め、うつの症状がひどくなった。さらに不運だったのは、妻のアデーレの健康状態が悪化し、歩行困難となったことだ。以前はアデーレがスプーンで食べさせてくれることもあったが、それができなくなり、ゲーデルの食事はますます貧弱なものとなっていった。

自宅を訪れた看護師によると、ゲーデルの朝食は卵1個と茶1さじか2さじだけ。ミルクかオレンジジュースをときどき飲む程度。昼間は豆で、ときどきニンジンを無理して食べる。たのまれて買っていったオレンジは、「よくない」と言っていつも拒絶されたという。

　入院しても医者の治療を拒み、勝手に退院してしまうことがたびたびあった。１９７４年には前立腺が腫れて、尿道閉鎖になった。病院に行かなかったことで症状が悪化し、ついに痛みに耐えきれずプリンストン病院に入った。ところが、尿道に挿入したカテーテルを医者に反抗して引き抜いてしまった。カテーテルなしには排尿できないので、また挿入されることになった。

　１９７７年７月、アデーレが緊急入院した。ゲーデルを心配して支えてくれていた経済学者のオスカー・モルゲンシュテルンも同月に癌で亡くなった。ゲーデルの命綱だったふたりを同時に失ったことで、彼の人生は事実上詰んだといっていい。

ゲーデルが不完全性定理を発見した場所にある記念碑（©Beckerhermann/CC BY-SA 4.0）

　拒食はますます激しくなり、衰弱は加速した。12月末、病院に運びこまれたが手の施しようはなく、翌月、亡くなった。**死因は「人格障害による栄養失調および餓死衰弱」だった**。

　死んだときの体重は、わずか31キログラム——。偉大な発見と引き替えだったのか、取り憑かれた悪霊をついにふり払うことはできなかった。

おわりに

古今東西のマッドサイエンティストの狂気をえぐりだすなかで、それでもやはり圧倒されるのは、たとえ悲惨な境遇にありながらも獲得されていく、すさまじい科学的業績の数々である。それらはまるでひとつの生き物が時空をこえて巨大化し、あるいは派生していくように、ある者からある者へ、切れ目なく連なっていく。たとえばこうだ。

ラヴォアジエはフランス王室の徴税請負人をしていたことから革命政府に処刑されるが、その革命精神に感化された青年ガロアは、決闘により命を落とす。彼の遺書にあった「群論」は、アインシュタインの相対性理論の下地となる。そのアインシュタインは、相対性理論がもたらす自然な帰結である宇宙膨張論を否定し、方程式を意図的に改変。アインシュタイン説が絶対の時代にあって、ルメートルの宇宙膨張論は圧殺された。一方で相対性理論を基礎として宇宙の神秘に迫る研究が活発になり、やがてチャンドラセカールやオッペンハイマーらの研究をへて、ブラックホールの存在が明らかになっていく。

そのオッペンハイマーは「原爆の父」となるが、「水爆の父」とはならなかった。水爆開発を支持したのは、ノイマンだった。戦後、プリンストン高等研究所には、オッペンハイマーやノイマン、アインシュタインが重力のようにひきよせられる。そのグループの一角には、ほぼ変人と化した異才、ゲーデルがいた。ゲーデルがいどんだ数学的難問はチューリングの課題ともなり、まったく違うルートから同じ結論に達する。オッペンハイマーが原爆開発でドイツと争ったのなら、チューリングは暗号解読でドイツを追い詰めた。彼らはみな戦争の渦にまきこまれながら、同時に、その趨勢《すうせい》をにぎるほどの力をもつことを自覚し、うろたえるのだった。

本書はあえて分野や時系列で区分けはしてはいないが、さまざまなキーワードでつないでいくことで、科学の大きなうねりのようなものは感じてもらえるのではないか。科学という営みを裏側からのぞくことで、あらためてみえてくるもの、感じることがあるはずである。

さいごに、本書をまとめるにあたり、彩図社の栩兼紗代さまには大変お世話になりました。日頃のご理解とご助力に心から感謝いたします。

2024年7月　沢辺有司

【主要参考文献】

『アインシュタインの宇宙　最新宇宙学と謎の「宇宙項」』（佐藤勝彦、KADOKAWA）／『アインシュタインの戦争　相対論はいかにして国家主義に打ち克ったか』（マシュー・スタンレー、水谷淳訳、新潮社）／『アルキメデスの驚異の発想法　数学と軍事』（上垣渉、集英社インターナショナル）／『医学の歴史大図鑑』（スティーヴ・パーカー監修、酒井シヅ日本語版監修、河出書房新社）／『言ってはいけない　残酷すぎる真実』（橘玲、新潮社）／『宇宙はなぜこんなにうまくできているのか』（村山斉、集英社インターナショナル）／『宇宙を見た人たち　現代天文学入門』（二間瀬敏史、海鳴社）／『オイラー　その生涯と業績』（エーミール・アルフレート・フェルマン、山本敦之訳、シュプリンガー・フェアラーク東京）／『オイラー博士の素敵な数式』（ポール・J・ナーイン、小山信也訳、日本評論社）／『解剖医ジョン・ハンターの数奇な生涯』（ウェンディ・ムーア、矢野真千子訳、河出書房新社）／『科学史の事件簿』（科学朝日編、朝日新聞出版）／『神の拳』上・下（フレデリック・フォーサイス、篠原慎訳、角川書店）／『ガロア　偉大なる曖昧さの理論』（梅村浩、現代数学社）／『ガロア　天才数学者の生涯』（加藤文元、KADOKAWA）／『感染症の歴史　黒死病からコロナまで』（リチャード・ガンダーマン、野口正雄訳、原書房）／『キャベンディシュの生涯　業績だけを残した謎の科学者』（ピエール・レピーヌ、ジャック・ニコル、小出昭一郎訳編、東京図書）／『キュリー夫人伝』（エーヴ・キュリー、河野万里子訳、白水社）／『90分でわかるオッペンハイマー』（ポール・ストラザーン、浅見昇吾訳、青山出版社）／『ゲーデルの悪霊たち　論理学と狂気』（ピエール・カスー＝ノゲス、新谷昌宏訳、みすず書房）／『ケロッグ博士』（Ｔ・コラゲッサン・ボイル、柳瀬尚紀訳、新潮社）／『ザ・ヒストリー科学大百科』（トム・ジャクソン、高橋昌一郎監修、大光明宣孝訳、ニュートンプレス）／『サンバガエルの謎　獲得形質は遺伝するか』（アーサー・ケストラー、石田敏子訳、岩波書店）／『女性と天文学』（ヤエル・ナゼ、北井礼三郎訳、頼順子訳、恒星社厚生閣）／『数学の天才列伝』（竹内均、ニュートンプレス）／『精神医学の近現代史　歴史の潮流を読み解く』（小俣和一郎、誠信書房）／『世界の科学者図鑑（ヴィジュアル歴史人物シリーズ）』（アンドルー・ロビンソン、柴田譲治訳、原書房）／『世界を変えた１５０の科学の本』（ブライアン・クレッグ、石黒千秋訳、創元社）／『第１回ノーベル賞候補北里柴三郎の生涯』（砂川幸雄、エヌティティ出版）／『ダークレディと呼ばれて　二重らせん発見とロザリンド・フランクリンの真実』（ブレンダ・マドックス、福岡伸一訳、鹿田昌美訳、化学同人）／『チューリング』（Ｂ・ジャック・コープランド、服部桂訳、ＮＴＴ出版）／『天才博士の奇妙な日常』（Ｃ・Ａ・ピックオーバー、新戸雅章訳、勁草書房）／『謎の解剖学者ヴェサリウス』（坂井建雄、筑摩書房）／『ナチスドイツと障害者「安楽死」計画』（ヒュー・グレゴリー・ギャラファー、長瀬修訳、現代書館）／『7つの人類化石の物語　古人類界のスターが生まれるまで』（リディア・パイン、藤原多伽夫訳、白揚社）／『ニコラ・テスラ秘密の告白　世界システム＝私の履歴書　フリーエネルギー＝真空中の宇宙』（ニコラ・テスラ、宮本寿代訳、成甲書房）／『ニュートンとライプニッツの微分積分　離散と連続から考える』（吉田信夫、技術評論社）／『眠れなくなる宇宙のはなし』（佐藤勝彦、宝島社）／『ノーベル賞の１００年　自然科学三賞でたどる科学史』（馬場錬成、中央公論新社）／『背信の科学者たち』（ウイリアム・ブロード、ニコラス・ウェイド、牧野賢治訳、講談社）／『ビッグバンの父の真実』（ジョン・ファレル、吉田三知世訳、日経ＢＰ）／『ヒトラーとドラッグ　第三帝国における薬物依存』（ノーマン・オーラー、須藤正美訳、白水社）／『ヒロシマを壊滅させた男オッペンハイマー』（ピーター・グッドチャイルド、池澤夏樹訳、白水社）／『微分積分学の史的展開　ライプニッツから高木貞治まで』（高瀬正仁、講談社）／『フォン・ノイマンの哲学　人間のフリをした悪魔』（高橋昌一郎、講談社）／『双子の遺伝子「エピジェネティクス」が2人の運命を分ける』（ティム・スペクター、野中香方子訳、ダイヤモンド社）／『ブラックホール　アイデアの誕生から観測へ』（マーシャ・バトゥーシャク、山田陽志郎訳、地人書館）／『ブラックホールを見つけた男』（アーサー・Ｉ・ミラー、阪本芳久訳、草思社）／『ホンモノの偽物　模造と真作をめぐる8つの奇妙な物語』（リディア・パイン、菅野楽章訳、亜紀書房）／『未完の天才　南方熊楠』（志村真幸、講談社）／『南方熊楠　日本人の可能性の極限』（唐澤太輔、中央公論新社）／『闇に魅入られた科学者たち』（ＮＨＫ「フランケンシュタインの誘惑」制作班、ＮＨＫ出版）／『世にも危険な医療の世界史』（リディア・ケイン、ネイト・ピーダーセン、福井久美子訳、文藝春秋）／『人と思想１９１　ライプニッツ』（酒井潔、清水書院）／『人と思想１０１　ラヴォアジエ』（中川鶴太郎、清水書院）／『ロジカル・ディレンマ　ゲーデルの生涯と不完全性定理』（ジョン・Ｗ・ドーソンＪｒ、村上祐子訳、塩谷賢訳、新曜社）／『ロバート・オッペンハイマー　愚者としての科学者』（藤永茂、朝日新聞出版）／『ロボトミスト　３４００回ロボトミー手術を行った医師の栄光と失墜』（ジャック・エル＝ハイ、岩坂彰訳、武田ランダムハウスジャパン）／『Science Fictions　あなたが知らない科学の真実』（スチュアート・リッチー、矢羽野薫訳、ダイヤモンド社）

＊そのほか、多くの新聞記事、Webサイトを参考にさせていただきました。

【著者略歴】

沢辺有司（さわべ・ゆうじ）

フリーライター。横浜国立大学教育学部総合芸術学科卒業。

在学中、アート・映画への哲学・思想的なアプローチを学ぶ。編集プロダクション勤務を経て渡仏。パリで思索に耽る一方、アート、旅、歴史、語学を中心に書籍、雑誌の執筆・編集に携わる。現在、東京都在住。

パリのカルチエ散歩マガジン『piéton（ぴえとん）』主宰。

著書に『図解 いちばんやさしい哲学の本』『図解 いちばんやさしい三大宗教の本』『図解 いちばんやさしい地政学の本』『図解 いちばんやさしい世界神話の本』『ワケありな映画』『ワケありな名画』『ワケありな本』『ワケありな日本の領土』『封印された問題作品』『音楽家 100 の言葉』『吉田松陰に学ぶ リーダーになる 100 のルール』『西郷隆盛に学ぶ 最強の組織を作る 100 のルール』『本当は怖い 仏教の話』『要点だけで超わかる日本史』（いずれも彩図社）、『はじめるフランス語』（学研プラス）、『地政学ボーイズ』（原案・監修／ヤングチャンピオン）などがある。

【カバーイラスト】永井秀樹

マッドサイエンティスト図鑑

2024 年 9 月 18 日　第一刷

著　者　　沢辺有司

発行人　　山田有司

発行所　　株式会社　彩図社
東京都豊島区南大塚 3-24-4
MTビル　〒 170-0005
TEL:03-5985-8213　FAX03-5985-8224

印刷所　　シナノ印刷株式会社

URL: https://www.saiz.co.jp
https://x.com/saiz_sha

ISBN978-4-8013-0737-7 C0095